패션 기업의
사회적 책임과
경영 성과

내일을여는지식 경영경제 11

패션 기업의
사회적 책임과
경영 성과

김민경 지음

한국학술정보㈜

최근 기업의 사회적 책임(Corporate Social Responsibility, CSR)에 대한 관심이 증가하고 있다. 전 세계적으로 기업의 사회적 책임의 중요성은 증대되고 있고, 이에 대한 소비자들의 요구도 증가하고 있으며, 패션 기업의 사회적 책임의 필요성과 중요성이 점차 증대되고 있다.

그러므로 본 연구에서는 패션 기업의 사회적 책임에 대한 개념 정의와 차원 구분, 경영성과에 미치는 영향에 대해 종합적으로 연구하였다. 본 연구에서는 패션 기업의 사회적 책임 경영은 경영성과를 증대시킬 수 있을 것으로 보고 이에 대해 연구하였다. 선행연구들(Cochran & Wood 1984, McGuire et al. 1988, Stanwick & Stanwick 1998)을 보면, 일반적으로 경영성과는 재무적 성과, 조직적 성과, 사회적 성과 등으로 측정하였다. 그러나 점차 고객과의 장기적 관계 형성과 유지의 중요성이 증대되는 상황에서, 관계적 성과도 경영성과로서 측정하고 연구할 필요가 있다. 패션 기업의 사회적 책임 경영을 통해 기업의 장기적 경영성과를 증대시킬 수 있는지에 대한 연구가 필요하다. 본 연구에서는 패션 기업의 사회적 책임 경영이, 경영 성과로서 사회적 성과, 관계적 성과, 재무적 성과에 미치는 영향과 관계에 대해 연구하였다. 기업의 사회적 책임은 여러 이해관계자들이 연관되어 있으므로, 패션 기업의 사회적 책임을 연구하기 위해서는 다양한 이해관계자들의 관점에서 연구할 필요가 있다. 그러므로 본 연구에서는 다양한 이해관계자 관점에서 패션 기업의 사회적 책임 경영성과에 대해 종합적으로 연구하였다.

국내외 패션 기업들을 살펴보면, 일부 패션 기업들이 사회적 책임을 수행하고 있으나, 사회적 책임의 일부만 수행하거나 사회적 책임 보고서를 작성하는 패션 기업은 거의 없는 상황을 볼 때, 패션 기업의 사회적 책임 경영은 전체적으로 아직 부족한 상황이라는 것을 알 수 있다. 그리고 패션 기업의 사회적 책임에 대한 연구가 필요하나, 부족한 실정이다.

기업의 사회적 책임의 중요성이 증대되는 상황이지만 패션 기업의 사회적 책임에 대한 연구가 부족하므로, 이에 대해 구체적으로 연구를 한다는 데 의의가 있다. 또한 기존의 기업 경영성과에 대한 연구들에서는 재무적 성과, 사회적 성과들에 대한 연구들이 많으나, 본 연구에서는 사회적 성과, 재무적 성과뿐 아니라 관계적 성과의 개념을 도입하여 이들 간의 관계를 연구한 것에 의의가 있다. 또한 연구 대상을 소비자, 기업 전문가 등으로 다양하게 선정하여 조사하고 분석하는 등 연구의 객관성과 타당성을 높인 데 의의가 있다. 본 연구를 통해 패션 기업은 고객을 포함한 이해관계자들을 고려한 효율적이고 효과적인 사회적 책임 활동을 할 수 있을 것이다. 그리고 패션 기업을 제조 기업과 유통 기업으로 구분하여 차이를 알아봄으로써, 다양한 연구 결과를 도출하였다.

본 연구를 통해 패션 기업의 사회적 책임에 대해 여러 이해관계자의 관점에서 다각적으로 알 수 있고, 패션 기업의 사회적 책임 경영에 따른 기업 이미지, 고객 만족, 재무적 성과에 대해 종합적으로 알 수 있으며, 여러 이해 관계자들의 관점을 고려한 패션 기업의 사회적 책임 경영을 통해 지속 가능한 발전을 이룰 수 있을 것이다.

본 책이 기업의 사회적 책임과 패션 기업의 사회적 책임의 발전, 더 나아가 사회의 긍정적, 지속 가능한 방향으로의 발전에 도움이 되길 바란다.

항상 지켜 주시는 하나님, 예수님께 감사를 드린다. 그리고 사랑하고 존경하는 부모님께 감사를 드린다. 가족들에게도 감사의 마음을 전한다.

　본 책이 나오기까지 많은 분들의 도움이 있었다. 학문적 시야를 넓혀 주시고, 연구를 지도해 주신 교수님들께 감사드린다. 그리고 출판을 담당해 주신 한국학술정보㈜ 관계자분들께 감사드린다.

2009년 7월 1일
저자 김민경

목 차

| 제3장 연구 문제 및 연구 가설 |

| 제4장 연구 방법 |

| 제5장 결과 및 논의 |

제1장

서 론

문제 제기 및 연구 목적

최근 기업의 사회적 책임(Corporate Social Responsibility, CSR)에 대한 관심이 증가하고 있다. 현대 사회에서 기업은 사회 속에서 큰 영향력을 행사하며 사회 구성 요소들과 상호 관계를 형성하고 있으며, 기업 활동으로부터 야기되는 각종 문제는 기업 활동의 고도화와 사회의 다원화 및 이해관계의 복잡화 등으로 점차 다양하게 대두되고 있으므로, 기업의 사회적 책임의 중요성은 증가하고 있는 것이다. 앞으로 기업들은 기업 활동을 수행함에 있어 이러한 상황을 고려하여 적극적인 사회적 책임 경영을 해야 할 것이다. 2010년 시행될 사회적 책임에 관한 국제 표준인 ISO26000의 제정은, 기업들의 사전 준비와 대응을 요구하고 있다.

기업의 사회적 책임 경영은 사회 구성요소의 기업에 대한 다양한 기대와 요구에 기업 스스로가 적극적으로 대응하고 만족을 줌으로써 지속 가능한 경쟁력을 갖추고자 하는 전략적 접근이며 적극적인 경영 방식으로, 기업은 이러한 새로운 패러다임의 경영을 통해 지속 가능한 기업 경쟁력을 갖추게 되는 것이다.

사회적 책임 경영의 근저에는 소비자 행동이 중요한 역할을 한다. 맥킨지는 소비자 행동에 대한 경쟁의 새 규칙 형성이라는 보고서를 내고 윤리적 소비자의 성장과 행동 양식을 예측하였다. 기업의 사회적 책임에 부응하는 윤리적 소비자는 기업의 사회적 평판을 몇 번 이상 따져 보고 구매를 결정하는 소비자로 정의하고, 가격 대비 품질을 따지는 합리적 소비의 패턴이 환경보호와 사회 발전이라는 사회적 가치를 배려하는 윤리적 소비로 발전하고 있는 것을 검증한 것이다. 매일경제(2007)는 EAI, GlobScan의 2007 CSR 국제여론조사 결과를 인용하여, 세계적으로 윤리적 소비주의가 확산되고 있으며, 기업의 사회적 책임 활동으로 10% 이상의 가격 인상분을 부담할 용의가 있다는 응답자의 비율이 24개국 평균 68%로 높게 나타났음을 보도하고 있다. 이러한 검증된 연구들을 볼 때, 이제 소비자들은 기업의 사회적 책임 경영에 관심을 갖고 이에 영향을 받으며 소비를 하는 것을 알 수 있다.

Murray와 Vogel(1997)은 기업의 사회적 책임 수행으로 인한 이익은 장기적으로 기업에 도움이 된다고 하였다. 기업의 전략적 의사결정의 관심이 단기 성과에서 장기 성과로 옮겨 가면서(Kaplan & Norton 2001), 기업의 사회적 책임의 중요성은 증대되고 있다. 미래 자본주의 7개의 트렌드 중 하나로 사회적 책임 투자의 시대를 들 수 있으며, 이는 기업과 이해관계자, 기업 환경 사이에 지속적인 연결망을 형성하도록 강제하고 있는 것으로(김창호 2006), 이제 패션 기업도 사회적 책임의 중요한 가치를 인정하고 실천하라는 의미로 받아들여야 할 것이다.

기업의 사회적 책임은 기업, 국가, 국제단체들 및 시민사회단체들이 참여하는 전 세계적인 경향으로 등장하였다(Sahlin-Andersson 2006). 기업의 사회적 책임에 대한 소비자들의 요구도 증가하고 있기 때문에 이를 수행할 의지와 경영 판단이 필요하다.

본 연구에서는 선행 연구들을 고찰하여 기업의 사회적 책임 개념을 정리하고 규명한 후, 패션 기업의 사회적 책임 차원을 구분하여, 패션 기업의 사회적 책임 경영이 사회적 성과, 관계적 성과, 재무적 성과에 미치는 영향에 대해 연구하고자 한다. 본 연구의 구체적인 연구 목적은 다음과 같다.

첫째, 기업의 사회적 책임, 패션 기업의 사회적 책임에 대한 선행 연구들과 국제적 표준화 현황을 고찰한 후, 기업의 사회적 책임, 패션 기업의 사회적 책임의 개념을 규명하고, 차원을 밝힌다.

둘째, 패션 기업의 사회적 책임 경영성과로서 사회적 성과, 관계적 성과, 재무적 성과와의 구조적 관계성을 밝힌다. 이를 위해 소비자 조사와 기업 전문가 조사를 병행한다. 이를 통해 단편적 관계들을 위주로 연구되었던 기존 연구들에서 더 나아가 종합적인 관계를 알 수 있고, 패션 기업의 사회적 책임 경영의 장기적 성과 형성 과정에 대해 알 수 있다.

셋째, 연구 대상으로서 패션 기업을 패션 제조 기업과 패션 유통 기업으로 정하여 이에 대해 연구를 하고, 패션 제조 기업과 패션 유통 기업으로 구분하여 연구를 하며, 그 결과를 비교, 분석한다. 패션 기업을 포괄적으로 단일 업종으로 연구하는 것보다 패션 제조 기업과 패션 유통 기업으로 구분하여 연구를 함으로써, 연구 결과를 구체적으로 이해, 적용할 수 있을 것이다.

제2절 연구 방법 및 분석 방법

본 연구를 위해 이론적 연구와 실증적 연구를 병행하여 연구하였다.

이론적 연구로는 선행 연구와 다양한 문헌들을 토대로 문헌 연구를 통해 기업의 사회적 책임의 개념과 차원, 패션 기업의 사회적 책임의 개념과 차원을 규명하였다.

실증적 연구를 위한 자료 수집을 위해 설문 조사 방법을 사용하였다. 조사 대상은 크게 1) 소비자, 2) 기업 전문가(기업평가기관 / 금융기관 / 투자기관 / 언론인)로 구분하여 설문 조사를 하였다.

통계 분석은 SPSS 15.0 프로그램을 사용하여 기초 통계 분석, 요인 분석, 신뢰도 분석 등을 하였고, AMOS 5.0 프로그램을 사용하여 연구 모형의 변인들의 관계를 알아보기 위한 구조 방정식 분석을 하였다. 이를 통해 결과 모형을 도출하고, 연구 문제와 가설들을 검증하고 구체적인 결과를 분석하였다.

제3절 내용 구성

본 연구의 내용 구성은 총 6장으로 구성하였다.

제1장은 서론으로, 본 연구의 배경이 되는 문제 제기 및 연구 목적을 정리하였고, 연구 방법 및 분석 방법에 대해 설명하였다.

제2장은 이론적 배경으로, 본 연구를 위한 이론적 연구로서 선행연구, 문헌 조사를 통해 기업의 사회적 책임과 패션 기업의 사회적 책임의 개념과 차원을 규명하고, 심도 있게 고찰하였으며, 사례 조사도 포함하였다. 또한 패션 기업의 사회적 책임에 연관된 이해관계자와 기업 경영성과에 대해 고찰하였다.

제3장에서는 본 연구를 위한 연구 문제를 정하고 연구 가설을 수립하였다. 그리고 연구 모형을 제시하였다.

제4장에서는 연구 방법을 설명하였다. 측정 도구, 표본 및 자료 수집, 분석 방법에 대해 정리하였다.

제5장은 결과 및 논의로, 본 연구의 실증적 연구 결과를 분석, 정리하고, 결과에 대한 해석과 논의를 하였다.

제6장은 결론 및 제언으로, 결론 및 시사점을 정리하였다. 또한 연구의 한계점 및 후속 연구를 위한 제언을 제시하였다.

제2장

이론적 배경

제1절 기업의 사회적 책임과 패션 기업의 사회적 책임

1. 기업의 사회적 책임의 중요성 증대 배경

자유시장 개념은 전 세계적으로 널리 수용되어 왔으며 기업의 근본적 목적은 이윤을 극대화하는 것이다. 그러나 사람들은 이윤동기에 대해 의혹을 품기 시작하였고 소비수준을 지속할 수 없다는 것을 깨닫게 되었다. 또한 환경오염, 생태계 파괴와 같은 환경 문제를 더욱 인식하게 되었다. 1980년대 후반 이래로 이러한 외적 우려와 NGO들의 영향력 증대의 결과, 많은 기업들이 기업시민정신과 지속가능성의 개념을 포용하게 되었다. 이러한 상황에서 기업의 사회적 책임의 중요성이 증대되게 되었다.

선행 연구들에서 기업의 사회적 책임에 대하여 여러 관점에서 정의되어 왔다. Bowen(1953)은 기업의 사회적 책임을 사회의 목적과 가치를 위해 바람직하다고 여겨지는 행동들을 따르고, 의사결정을 하며, 원칙을 추구하는 것에 대한 의무로 정의하고 있다. Brown과 Dacin(1997)은 기업의 사회적 책임을 사회적 의무와 관련된 조직의 상태와 활동으로 정의하였다. Carroll(1979)은 기업의 사회적 책임에 대한 본질, 즉 경제적, 법적, 윤리적, 자선적 본질을 구분하고, 이러한 책임이 구체적으로 연결될 수 있는 다양한 사회적인 이슈, 즉 소비자주의, 환경주의 등을 포함하였다.

기업의 사회적 책임의 중요성이 증대된 원인이 되는 요소들은 다음과 같다.

첫째, 자연 환경적 문제로, 오염, 자원 고갈, 생태계 파괴 등이 심화되고 있다. 이러한 환경오염에 기업의 책임이 일부 있으므로 기업은 기업 활동에 있어 환경오염을 줄이고 환경을 보호하기를 기대, 요구받고 있다.

둘째, 경제의 세계화, 자유화, 기업 권력 강화의 진전으로, 기업은 적극적으로 사회적 책임을 지킬 필요성이 증대되었다.

셋째, 사회적 기대치가 상승하여, 기업 활동에 대한 시민사회의 관심이 증대하였다. 그리고 소비자들의 윤리적 소비에 대한 관심과 실천이 증가하고 있다.

넷째, 다양한 이해관계자가 기업들과 영향을 주고받으며, 이해관계자들의 기업에 대한 관심과 영향력이 증가하고 있다. 기업은 여러 이해관계자들과 관계를 형성하고 있고, 시민사회의 부상과 NGO, 이해관계자들의 활동이 증가되고 있으므로, 이러한 여러 이해관계자들을 고려하여 사회적 책임을 지킬 필요성이 증가하고 있다.

다섯째, 다국적 기업의 글로벌 공급망 발전에 따라 개발도상국 노동 조건에 대한 관심이 증가하였다.

여섯째, 사회적 책임에 대한 국제적 표준의 제정을 앞두고, 기업들은 이에 적합한 기업 활동을 할 필요성이 증대되고 있다. 기업의 사회적 책임 관련 국제적 동향을 보면, 1850년대에는 기업이 소유주 및 경영자 중심으로 운영하다가 1900년대에는 조직 참여자에 의한 경영이 이루어졌고 1945년대에는 사업 환경에 의한 경영, 1960년대 들어서면서부터 사회적 책임에 의한 경영이 전개되기 시작하였다. 이로부터 30년이 지난 1990년대 들어와 이러한 움직임은 사회적 반응에 의해서 기업경영이 고려되기 시작하여 오늘에 이르고 있다. 이를 다시 법 제도적인 문제로 볼 때 1890년대 Sherman Act, 1914년의 Clayton Act, 1939년의 Wool Labeling, 이어 1965년에 Civil Right, 1970년의 Environmental Quality, 1992년 Sustainable Development 등의 법제정 및 정비로 기업의 윤리개념과 사회적 요구가 변천되어 왔다. 1990년대 초반 우루과이 라운드(UR)에 의해 세계무역기구(WTO)가 설립되어 전 세계 국가가 하나의 시장으로 변화되기 시작했고, 1997년 그린라운드(GR)에 의해 국제무역에서 환경, 공해문제의 중요성이 강조되었으며, 최근에는 미국을 중심으로 비윤리적 기업의 제품(서비스)은 국제 거래에서 규제하자는 Ethics Round가 시작되고 있다. 사회적 환경에서 파악해 보면 기업들에 대한 소비자들의 도덕 윤리 의식의 부재, 노동조합의 증가, 사회적·경제적 압력, 사회적·경제적 외부 압력에 대한 반응 등의 변화에 대한 기업 경영 방법의 변화가 심하였고 시장 환경의 변화를 보면 고전적 시장, 불완전 경쟁, 대기업의 등장, 경기 침체에 의한 스태그플레이션 등이 순환되면서 경영구조가 과거의 1인 소유나 개인 소유에서 발전하여 수익자의 입장에서 1850년대 소유주나 경영자가 기업의 주요 수익자였던 것에 비해 1900년대 들어오면서 소유주와 경영자 외에 노동자가 수혜자로 합류되었고 1945년대에는 소유주, 경영자, 노동자, 공급자, 유통업자, 채권자로 확대되었다. 수혜자의 확대 측면에서 1960년대에는 소유주, 경영자, 노동자, 공급자, 유통업자, 채권자 외에 일반 공중이 기업의 수익의 수혜자로 가세되었고 1990년대 들어와서 소유주, 경영자, 노동자, 공급자, 유통업자, 채권자, 공중 외에 NGO와 사회단체가 어느 형태로든 기업의 수익의 수혜자로 합류하였다. 1850년대에 조직의 주요 목표가 이익 추구였다면 1900년대에는 이익 추구와 자원 활용의 단계를 거쳐 1950년대에 들어와 이익 추구에 자원 활용 및 대량 판매 시대가 열리게 되었다. 1960년대에 비로소 기업은 이익 추구, 자원 활용, 대량 판매시대와 사회복지라는 개념이 들어서 사회적 책임과 윤리경영의 의식이 발생하였다.

현재까지 기업의 사회적 책임에 관련된 국제 기준이 다양하게 정해져 왔으며, 점차 통합적인 표준화가 진행되고 있는 것이다. 기업의 사회적 책임 규정의 발전 과정과 현황은 〈그림 1〉과 같다.

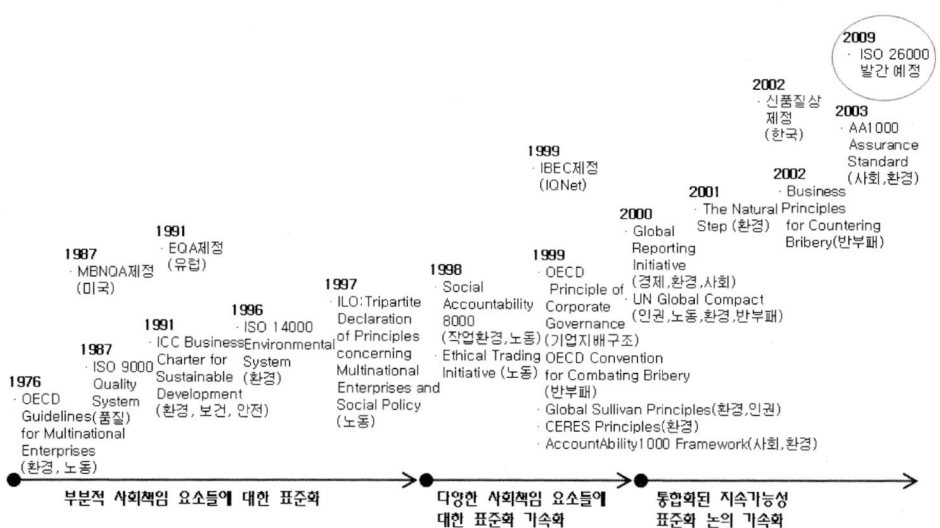

출처: 김광섭, 이병룡(2006), 기업의 사회적 책임 기준과 기업 보고에 관한 고찰, 품질경영학회지, 35(3).

〈그림 1〉 CSR 국제 기준 발전 추세

2. 기업의 사회적 책임과 패션 기업의 사회적 책임 개념

선행 연구들에서 기업의 사회적 책임에 대하여 여러 관점에서 정의되어 왔다. Bowen(1953)은 기업의 사회적 책임을 사회의 목적과 가치를 위해 바람직하다고 여겨지는 행동들을 따르고, 의사결정을 하며, 원칙을 추구하는 것에 대한 의무로 정의하고 있다. Brown과 Dacin(1997)은 기업의 사회적 책임을 사회적 의무와 관련된 조직의 상태와 활동으로 정의하였다. Carroll(1979)은 기업의 사회적 책임에 대한 본질, 즉 경제적, 법적, 윤리적, 자선적 본질을 구분하고, 이러한 책임이 구체적으로 연결될 수 있는 다양한 사회적인 이슈, 즉 소비자주의, 환경주의 등을 포함하였다. 정쾌영(2001)은, 기업의 사회적 책임은 사회적 이슈에 대한 사회적, 도덕적 관심으로부터 생산물의 안전, 근로자들의 권익, 환경 보전, 윤리적 행동 등으로 확대되었다고 하였다. 기업의 사회적 책임은 기대를 바탕으로 한 기업의 활동이며, 이 활동들을 통해 기업에 대한 긍정적인 연상이 유발되는 과정이다(Herpen, Pennings & Meulenberg 2003). 기업의 사회적 책임 활동은 그 대상이 되는 많은 이해관계자가 있으며, 이해관계자에 따라 관심 대상이 되는 사회적 책임 활동이 달라질 수 있다(Herpen, Pennings & Meulenberg 2003). 기업의 사회적 책임은 기업의 성과를 의미하며(Carroll 1979), 이는 재무적 성과만으로 부족한 기업의 성과를 보충할 수 있는 또 하나의 지표이다(Chakravarthy 1986). ISO는 사회적 책임의 범위에 기업뿐 아니라 개인, 조직, 정부 등을 포함하도록 사회적 책임(SR)이라는 용어를 사용하며, SR을 조직체(기업을 포함한 사회의 모든 조직)의 활동 과정에서 윤리경영실천,

투명성 보장, 환경 및 인권보호, 반부패, 사회공헌 등의 가치를 제고시켜, 이해관계자뿐만 아니라 지역사회, 더 나아가 인류사회 전체에 이익이 되도록 하는 행위로 정의하고 있다.

일반적으로 의무는 법적 구속을 의미하고, 책임은 이행하지 않을 경우 손해 배상이나 강제 집행, 처벌 등의 법적 불이익을 받는 지위를 말한다. 기업의 사회적 책임 중 법적 책임은 이 같은 의미에서 의무, 책임이라 할 수 있다. 그러나 경제적, 윤리적, 자선적 책임은 기업의 자율적 판단에 의한 윤리적, 도의적 의무이다. 그러므로 사회적 책임은 법적 의무와 윤리적 의무를 포함하는 사회적 의무이다(정쾌영 2001).

Dahlsrud(2008)은, 기업의 사회적 책임에 대한 정의와 차원을 조사하여, Google에서 빈번히 사용되는 순서대로 정리하였다. 그 정의들을 보면 다음과 같다.

〈표 1〉 기업의 사회적 책임 정의

Commission of the European Communities, 2001	기업들이 그들의 활동영업 내에서의 그리고 자발적 기초하에 이해관계자들과의 상호적 관계 내에서 사회적 환경적 관심을 통합하는 개념
World Business Council for Sustainable Development, 1999	자신들의 삶의 질을 개선하기 위해 자유롭게 피고용인들과 그들의 가족들과 지역사회와 사회와 협력하여 지속 가능한 경제발전에 기여하려는 경영수행
World Business Council for Sustainable Development, 2000	기업의 사회적 책임은 직원들과 그 가족들과 지역사회 및 사회의 삶의 질을 자연스럽게 개선하면서 윤리적으로 행동하고 경제발전에 이바지하려는 기업의 지속적 수행이다.
Business for Social Responsibility, 2000	윤리적 가치, 법적 요구에의 부응, 사람과 지역사회와 환경에 대한 존중과 관련된 기업결정과정
IBLF, 2003	지속 가능한 경영성공에 이바지할 윤리적 가치와 피고용인, 지역사회 및 환경에 대한 존중에 기반한 개방적이고 투명한 경영관행

Khoury et al., 1999	기업의 사회적 책임은 기업과 기업의 모든 이해관계자들과의 총체적 관계이다. 여기에는 고객, 피고용인, 지역사회, 소유주 / 투자자, 정부, 공급자 및 경쟁자가 포함된다. 사회적 책임의 요소들에는 지역사회의 봉사활동에 투자, 피고용인과의 관계, 고용창출과 유지, 환경적 책무 및 재무성과가 포함된다.
Business for Social Responsibility, 2003	기업의 사회적 책임은 윤리적 가치를 높이 사고 사람과 지역사회와 자연환경을 존중하는 방식으로 상업적 성공을 달성하는 것이다.
Commission of the European Communities, 2003	기업의 사회적 책임은 기업이 모든 이해관계자들에 대한 자신의 영향에 대해 책임을 지는 것이다. 직원들과 그 가족들과 지역사회 및 사회의 삶의 질을 자연스럽게 개선하면서 공정하고 책임감 있게 행동하고 경제발전에 이바지하려는 기업의 지속적 수행을 일컫는다.
CSRwire, 2003	기업의 사회적 책임은 투자자, 고객, 피고용인을 포함한 모든 이해관계자들의 이익과 환경이 기업의 정책과 활동에 반영된 기업운영과 가치의 총체라 정의된다.
Hopkins, 1998	기업의 사회적 책임은 기업의 이해관계자들을 윤리적으로 또는 사회적 책임성을 가지고 다루는 방식과 관련이 있다. 즉 사회적이고 책임감 있는 행동을 하는 것은 기업의 안팎 모두에서 이해관계자들의 인간개발을 증진시키는 것이다.
Ethics in Action Awards, 2003	기업의 사회적 책임은 기업의 모든 운영과 활동에서 기업의 모든 이해관계자들에 대해 책임을 지는 기업의 의무를 설명하는 용어이다. 사회적으로 책임이 있는 기업들은 의사결정을 하고 기업의 이윤창출 욕구와 이해관계자들의 욕구 간에 균형을 이룰 때 지역공동체와 환경에 대한 자신들의 전 범위의 영향성을 고려한다.
Jones, 1980	기업의 사회적 책임은 기업들이 주주들보다는 사회 내 구성단위들에 의무를 가지고 단순한 소유를 넘어선 이해관계를 나타내며 법이나 규약에 의해 규정된 것을 뛰어넘는 개념으로 정의된다.
Hopkins, 2003	기업의 사회적 책임은 기업의 이해관계자들을 윤리적으로 또는 책임감을 가지고 대하는 것과 관련이 있다. '윤리적 또는 책임감 있는'이란 문명사회에서 용납되는 방식으로 이해관계자들을 다루는 것을 의미한다. 이해관계자들은 기업의 안과 밖에 모두에 존재한다. 사회적 책임의 보다 넓은 목표는 기업의 이윤을 보전하면서 기업의 안팎의 사람들 모두를 위해 삶의 기준을 더 높게 창출하는 것이다.
Marsden, 2001	기업의 사회적 책임(CSR)은 기업이 몸담고 있는 사회에 대한 기업의 총체적 영향성에 대한 기업의 핵심적 행동과 책임에 관한 것이다. 기업의 사회적 책임(CSR)은 선택적 추가사항도 자선행위도 아니다. 사회적으로 책임이 있는 기업은 그 사회에 대한 환경적, 사회적, 경제적 영향에서 긍정적 영향성과 부정적 영향성 모두를 고려하는 이윤사업을 운영하는 것을 말한다.
McWilliams and Siegel, 2001	기업의 이익과 법에 의해 필요한 것을 넘어선 사회의 이익을 조장하는 활동들
Ethical Performance, 2003	가장 좋은 상태에서 기업의 사회적 책임은 기업의 핵심 운영뿐만 아니라 기업의 사회적·물리적 환경에 대한 대처에 사회적 가치를 부여하려는 요소로 기업의 영향성 전체에 대해 책임을 지는 것으로 정의된다. 책임성은 이윤사업을 운영하는 것부터 직원의 건강과 안전 그리고 회사가 몸담고 있는 사회에 대한 영향성까지의 스펙트럼을 아우르는 것으로 받아들여지고 있다.

Global Corporate Social Responsibility Policies Project, 2003	글로벌 기업의 사회적 책임은 윤리적 가치와 노동자, 지역공동체 및 환경에 대한 존중에 기초한 경영관행으로 정의될 수 있다.
Commission of the European Communities, 2002	기업의 사회적 책임은 기업들이 자신들의 법적 의무와 경제적 / 사업적 목표들을 넘어서는 책임을 갖는 것이다. 이러한 광의의 책임들에는 다양한 분야가 포함되지만 주로 사회적 환경적인 것으로 요약된다.

출처: Dahlsrud, A.(2008). How Corporate Social Responsibility is Defined: an Analysis of 37 Definitions, *Corporate Social Responsibility and Environmental Management*, 15(1). pp.1 - 13.

　선행 연구들을 바탕으로 본 연구에서는 기업의 사회적 책임 개념을 다음과 같이 정의하였다. 기업의 사회적 책임은, 경제적, 법적, 윤리적, 자선적 책임을 포함하는 개념으로, 사회와 사회 구성원들, 이해관계자들의 기대와 요구에 부응하고 자연 환경을 보호하며, 사회와 기업의 지속 가능한 발전을 추구하기 위한 기업의 총체적 책임이다. 이를 바탕으로 본 연구에서는 패션 기업의 사회적 책임 개념을 다음과 같이 정의하였다. 패션 기업의 사회적 책임은, 경제적, 법적, 윤리적, 자선적 책임을 포함하는 개념으로, 사회와 사회 구성원들, 이해관계자들의 기대와 요구에 부응하고 자연 환경을 보호하며, 사회와 기업의 지속 가능한 발전을 추구하기 위한 패션 기업의 총체적 책임이다.

3. 기업의 사회적 책임 차원과 패션 기업의 사회적 책임 차원

기업의 사회적 책임은 여러 차원으로 구분된다. 기업의 사회적 책임은 사회의 가치와 기대에 순응하는 기업체의 경제적, 법적, 윤리적, 자선적 활동의 범주로 정의된다. 사회적 책임에는 사회가 기업에 바라는 모든 경제적, 법적, 윤리적, 자선적 기대들이 포함된다. 경제적 책임은 기업이 사회의 기본 경제 단위로서 생산적이고 이익을 발생시켜야 하는 기업의 의무를 의미한다. 법적 책임은 법적 요건 내에서 기업의 활동을 수행하는 것을 의미한다. 윤리적 책임은 법적 틀을 넘어 사회에서 기업에 기대하는 윤리적 활동을 의미한다. 자선적 책임은 사회의 발전 증진을 위한 기업의 자발적 또는 박애적 활동을 의미한다(Carroll 1979, 1991, Sethi 1975).

Carroll(1991)은 기업의 사회적 책임에 대한 모형을 제시하였으며, 여기에서 기업의 사회적 책임은 기업의 경제적, 법적, 윤리적, 자선적 책임을 포함하는 구성적 개념(construct concept)이다. 그 모형은 〈그림 2〉와 같다.

Be a good corporate citizen	자선적 책임	Desired
Be ethical	윤리적 책임	Expected
Obey the law	법적 책임	Required
Be profitable	경제적 책임	Required

출처: Carroll(1991), The Pyramid of Corporate Social Responsibility, *Business Horizons*, 34(4), pp.39 - 49.

〈그림 2〉 기업의 사회적 책임 모형

김해룡 외(2005)는, 선행 연구를 분석하여 기업의 사회적 책임의 추상적 개념들에 구체적 개념들을 더하여 차원을 제안하였다. 즉 추상적 개념으로는 경제적 책임, 법적 책임, 윤리적 책임, 자선적 책임으로, 구체적 개념으로는 사회적 기부, 환경보호, 지역 / 문화 사업 활동, 소비자 보호로 구분하였다.

〈표 2〉 기업의 사회적 책임 차원 관련 선행 연구

기업의 사회적 책임		출 처
추상적 개념	경제적 책임	Carroll(1979)
	법적 책임	Carroll(1979)
	윤리적 책임	Carroll(1979)
	자선적 책임	Carroll(1979)
구체적 개념	사회적 기부	Sen et al.(2001), Herpen et al.(2003), 한은경 외(2003)
	환경보호	Carroll(1979), Herpen et al.(2003)
	지역 / 문화 사업 활동	Sen et al.(2001), 한은경 외(2003)
	소비자 보호	Carroll(1979), Herpen et al.(2003)

출처: 김해룡, 김나민, 유광희, 이문규(2005), 기업의 사회적 책임에 대한 척도 개발, *마케팅연구*, 20(2)

Dahlsrud(2008)는 선행 연구들을 분석하여, 기업의 사회적 책임 차원을 환경 차원, 사회 차원, 경제 차원, 이해관계자들 차원, 자발적 차원으로 구분하였다. 각각의 차원에 해당하는 내용으로, 환경 차원은 자연 환경, 사회 차원은 기업과 사회의 관계, 경제 차원은 사회 경제/재무적 책임, 이해관계자 차원은 이해관계자와의 관계, 자발적 차원은 법으로 규제되지 않는 책임으로 구분하였다.

Salmones et al.(2005)는, 기업의 사회적 책임 차원을 경제적 책임, 윤리 – 법적 책임, 자선적 책임 차원으로 구분하였다.

사회적 책임의 표준화에 대한 중요성도 커지고 있다. 현재 ISO에서는 '사회적 책임에 관한 국제 기준(ISO26000)'을 제정하고 있다. 사회적 책임에 관한 ISO 작업의 배경은 사회적 책임이 조직의 지속가능성에 필수적이라는 일반적인 인식에 있다. 현재 국제표준화기구(ISO) 주도로 진행 중인 국제표준화 작업은 2009년 'ISO26000' 발간과 동시에 시행될 예정이다(ISO). 현재는 세계화 시대이므로, 기업들은 사회적 책임의 국제적 표준화를 고려해야 하는 시대가 된 것이다. 그러나 이를 고려하여 포괄적으로 기업의 사회적 책임 차원을 구분한 연구는 부족하다. 그러므로 본 연구에서는 사회적 책임에 대한 ISO 규정을 고려하여 연구를 하였다. ISO에서는 사회적 책임의 차원들을 환경, 인권, 노동문제, 지배구조, 소비자 이슈, 지역사회 참여 및 사회발전, 공정한 조직 운영 등으로 구분하고 있다. 구체적 내용은 〈표 3〉과 같다.

〈표 3〉 ISO(국제표준기구) 26000 주요 이슈

구 분	내 용
환경	생태계와 자연환경 보전 및 회복 노력, 지속 가능한 소비와 토지 이용
인권	경제, 문화, 사회적 권리 존중, 노동 기본권과 공동체 권리 보장
노동문제	산업보건 및 안전, 노동 조건과 인력 개발
지배구조	규범 준수와 정보 공개, 윤리적 행동
소비자 이슈	정확한 정보 제공, 안전하고 신뢰할 수 있는 제품 제공 및 개발
지역사회참여 및 사회발전기여	공동체 참여와 자선
공정한 조직 운영	윤리적이고 투명한 활동, 자유경쟁 증진, 지적재산권 존중

(출처: ISO, www.iso.org)

Dahlsrud(2008)는 기업의 사회적 책임에 대한 정의와 차원을 조사하여, Google에서 빈번히 사용되는 순서대로 정리하였다. 각각의 정의에 포함된 차원들을 정리하면, 다음과 같다.

〈표 4〉 선행 연구에서 포함한 기업의 사회적 책임 차원

출 처	차 원						
	경제적	법적	윤리적	자선적	사회적	이해관계자	환경적
Commission of the European Communities, 2001	O			O	O	O	O
World Business Council for Sustainable Development, 1999	O				O	O	
World Business Council for Sustainable Development, 2000	O		O	O	O	O	
Business for Social Responsibility, 2000		O	O	O	O	O	O
IBLF, 2003			O			O	
Khoury et al., 1999	O				O	O	O
Business for Social Responsibility, 2003	O		O	O	O	O	O
Commission of the European Communities, 2003	O			O	O	O	
CSR wire, 2003	O			O			O
Hopkins, 1998			O	O	O	O	
Ethics in Action Awards, 2003	O				O	O	O
Jones, 1980		O		O		O	
Hopkins, 2003			O	O		O	
Marsden, 2001	O				O		O
McWilliams and Siegel, 2001		O		O	O		
Ethical Performance, 2003	O				O	O	O
Global Corporate Social Responsibility Policies Project, 2003	O		O	O	O	O	O
Commission of the European Communities, 2002	O	O		O	O		O

출처: Dahlsrud, A.(2008). How Corporate Social Responsibility is Defined: an Analysis of 37 Definitions. *Corporate Social Responsibility and Environmental Management*, 15(1), pp.1 - 13.

본 연구에서는 선행 연구들에서 도출한 차원과 ISO에서 정하고 있는 사회적 책임 차원들을 종합적으로 고려하여 포괄적인 기업의 사회적 책임 차원을 구분하였다. 기업의 사회적 책임은 추상적 차원으로 경제적 책임, 법적-윤리적 책임, 자선적 책임으로 구분되

며, 구체적 차원으로는 경제 활동, 법 준수, 윤리적 경영, 환경보호, 이해관계자들과의 관계, 사회적 기부, 지역사회 참여 및 사회 발전으로 구분된다. 이를 정리한 내용은 〈표 5〉에 나타내었다.

〈표 5〉 기업의 사회적 책임 차원

추상적 차원	구체적 차원
경제적 책임	경제 활동
법적 책임	법 준수
윤리적 책임	윤리적 경영 환경보호 이해관계자들과의 관계
자선적 책임	사회적 기부 지역사회참여 및 사회발전기여

패션 기업의 경우, 다른 산업보다 디자인의 독창성이 중요하며, 최근 이에 대한 중요성이 증대되고 있다.

최근 '디자인 모방금지 법안(Design Piracy Prohibition Act)'이 미 상원과 하원에 제출됐다. 법안이 통과되면 패션 디자이너들은 자신의 패션 디자인을 등록해 3년간 저작권을 인정받고 이를 베낀 업체를 상대로 손해배상을 청구할 수 있게 된다.

패션산업이 발달한 프랑스에서는 이미 패션 디자인 모방 규제법이 있다. 이브생로랑이 미국의 디자이너 랄프 로렌을 상대로 턱시도 디자인 도용 소송을 내서 1994년 프랑스 법원에서 40만 달러의 손해배상 판결을 받아내기도 했다(동아일보, 2007).

그러므로 패션 기업의 사회적 책임 차원에 이를 반영하여 구분하는 것이 필요하다. 그러므로 본 연구에서는 패션 기업의 사회적 책임 차원의 구체적 차원에 '창의적 제품'을 포함하여 다음과 같이 구분하였다.

〈표 6〉 패션 기업의 사회적 책임 차원

추상적 차원	구체적 차원
경제적 책임	경제 활동
법적 책임	법 준수
윤리적 책임	윤리적 경영 환경보호 창의적 제품 이해관계자들과의 관계
자선적 책임	사회적 기부 지역사회참여 및 사회발전기여

    Carroll(1979, 1991)이 제시한 기업의 사회적 책임 차원인 경제적 책임, 법적 책임, 윤리적 책임, 자선적 책임 중, 법적 책임과 윤리적 책임의 경계는 명확하지 않으나(Carroll 1979, 1991, Salmons et al. 2005), 기업의 사회적 책임을 나타내는 기존의 도형(Carroll 1979, 1991)은 수직적인 피라미드 형태로, 각 차원들 간의 법적, 윤리적 차원의 구분이 명확하지 않음을 나타내지 않고, 각 차원들 간에 위계적 관계가 있다고 인식할 수 있는 문제점이 있다. 기업의 사회적 책임의 각 차원들은 위계적 관계가 아닌 동등한 관계로서, 각각의 중요성이 있는 차원들로, 이를 나타내는 새로운 도형을 제시할 필요가 있으므로, 본 연구에서는 패션 기업의 사회적 책임과 추상적 차원, 구체적 차원에 대한 도형을 〈그림 3〉에 제시하였다.

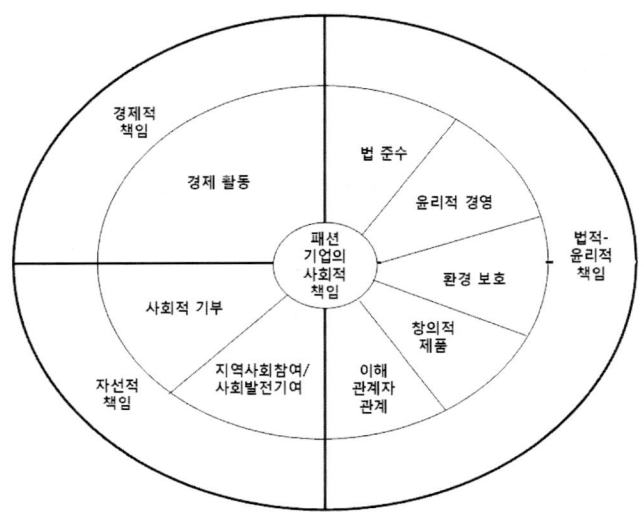

〈그림 3〉 패션 기업의 사회적 책임과 차원

4. 기업의 사회적 책임의 국가별 발달과 현황

미국의 경제전문지인 포춘지는 세계 100대 기업을 대상으로 실시한 기업의 사회적 책임도 평가를 매년 실시하고 있다. 기업의 사회적 책임도란, 기업이 경영전략을 세울 때 사회와 환경 부문에 어느 정도 중점을 두는지를 수치화한 것이다. 2007년 조사 결과, 세계 1위는 브리티시 페트롤리엄(BP)으로 책임감지수 75.2점을 받았고 뒤를 이어 영국의 바클레이스, 이탈리아의 국영에너지 산업체인 애니(2006년 28위), 세계적인 종합금융회사인 HSBC홀딩스(2006년 7위), 보다폰(2006년 1위)이 각각 차지했다. SK는 이 조사에서 책임감지수 41.8점을 얻어 44위에 올랐고, 이어 현대차 37.5(56위), LG

36.2(58위), 삼성전자 35.3점(63위) 순이었다.

기업의 사회적 책임은 국가별로 발달과 현황이 다르다. 글로벌화된 시장에서 기업들은 각 국가별 상황을 이해할 필요가 있다. 기업의 사회적 책임이 발달된 선진국인 미국과 유럽의 기업의 사회적 책임 발달 상황과 사례에 대해 살펴보도록 하겠다.

4.1. 미 국

미국은 오래전부터 기업의 사회적 책임을 강조하여 왔다. 미국의 경우, CSR은 사회, 환경과 조화를 이루면서 발전하였다. CSR 개념이 나타난 것은 1930년대 후반이고, 1980년대 이후에는 주주뿐 아니라 소비자, 종업원, 정부 등 이해관계자들을 고려해야 한다는 이해관계자주의가 중시되면서 더 확산되었다. 1990년대에는 사회적 책임을 실행하는 기업에 투자하는 사회책임투자(SRI)가 중요시되었고, CSR을 통해 기업의 지속적인 부를 창출할 수 있다고 인식하고 있다(주정 2007).

1960년대 후반 1970년대 초에 시작된 사회적 환경적 우려 때문에 미국정부는 이러한 쟁점들을 다룰 법안들을 통과시켰다. 채택된 법안은 환경오염 및 유해폐기물관리(예: 연방수질오염관리법, 1977년 청정대기 개정법), 작업장(예: 1970년 직업안전보건법, 1972년 평등고용기회법), 소비자 보호(예: 소비자제품안전법, 연방 유해물질법)를 포함하였다(Hess, 2001). 1990년대에 CSR 보고서는 다시 세상의 주목을 받게 되었다. CSR 보고활동은 미국에서는 자발적으로 이루어지고 있다. 점점 많은 수의 기업들이 자신들의 주주들의 요구에

부합하기 위해서 이러한 정보를 공개하고 있다. 사회책임투자는 전체 투자 중 10% 이상인 2조 3천4백억 달러가 넘는 투자 공동체에서 가장 빠르게 성장하고 있는 분야 중 하나를 구성하고 있다(Smith, 2002). 미국 내 상당수의 사회책임투자가 금융시장과 펀드 매니저들을 비교 가능하고 신뢰할 만한 보고기준에 의존하도록 만들었다. 미국 기업들은 앞서 말한 국제적으로 채택된 기준들을 서서히 이행해 왔다. SA8000 인증을 받은 총 226개 시설 중 EU의 53개 시설(23%)과 비교할 때 미국은 2개 시설(1%)에 불과하다(SA8000 인증시설, 2003). GRI 지침에 따른 보고서를 준비하는 총 164개 기업들 중 미국은 33개 기업(20%)이 차지하고 있으며, EU는 91개 기업(55%)을 차지하고 있다. 또한 ISO 14001 보고서 기준을 따르는 총 46836 기업들 중 미국 기업들은 2400여 기업으로 5%를 차지하고 있다(Peglau 2003).

4.2. 유 럽

유럽의 경우, 2000년 유럽정상회의에서 유럽의 정상들이 기업의 사회적 책임을 강조하는 공동선언문을 채택하면서, CSR이 더 발달하게 되었다. 2006년 유럽동맹 이사회는 CSR을 주제로 개최되었으며, CSR유럽동맹(European Alliance for CSR)이 형성하게 되었다. 이는 유럽에서 CSR이 나아갈 방향을 제시하고, 기업들의 자발적 CSR 장려를 취지로 형성된 것이다.

영국에서는 CSR에 대한 논의는 1930년대에 시작되었으며, 1970년대의 환경보호주의, 1990년대의 지속 가능한 개발을 거쳐 본격적 논의를 하게 되었다. 다른 국가와의 차이는 정부의 주도적 역할이 특징적이다. 영국 정부는 CSR에 관한 홍보 및 권고에 집중하며, 영국의 CSR을 국제적 규약과 일치시키려고 노력하고, 사회, 환경 보고서와 라벨링 틀 작성에도 주력하고 있다(노광표, 이명규 2007).

CSR 보고활동은 EU에서도 자발적으로 이루어진다. 그러나 일부 EU 국가들은 보다 앞선 접근 방식을 이용해 왔다. 2001년 5월 프랑스는 공기업들이 CSR 보고서를 발간해야 하는 국가들 중 첫 번째 국가가 되었다. 이러한 사안에서 시범을 보이는 또 다른 국가가 스페인이다. 스페인은 가능하면 올해 말까지 사회적으로 책임 있는 투자 공개를 필수로 하는 입법안을 추진하고 있다.

이탈리아, 독일, 스웨덴, 영국을 포함한 다른 EU 국가들은 상당한 진척을 보여주고 있다. SA8000 인증을 받은 226개 시설 중 미국이 2개 시설을 차지한 것에 비해, 이탈리아가 36개 시설, 영국이 3개 시설을 차지하였다(SA8000 인증시설 2003). GRI 지침하에 보고서를 준비하는 164개 기업들 중 영국 기업이 28곳, 독일이 11곳, 스웨덴이 12곳, 미국이 33곳(지침서 사용 기관, 2003)을 차지하였으며, ISO 14001 보고 기준을 따르는 46,836기업들 중 독일 기업이 3,700개 기업, 영국 기업이 2,917기업, 스웨덴이 731기업이다(Peglau 2003).

4.3. 미국과 유럽의 기업의 사회적 책임 특징

기업의 사회적 책임에 대한 미국과 유럽의 특징을 비교해 보면, 미국은 종업원의 자발적인 공동체 참여가 이루어지고, 기업지배구조 신뢰 회복 관점에서 접근하며, 제도 준수를 위해 노력한다. 법령 준수를 CSR의 일부로 간주하고 있다. 정부 간섭이 미약하고, 기업의 자율성이 강조되며, CSR에 대한 정부 차원의 대응 방안을 갖고 있지 않다. 정부가 사회적 책임을 제대로 하지 못하는 부분을 민간 부분이 보완하는 개념으로 사회공헌에 초점을 맞추고 있다. 유럽은 핵심 비즈니스 프로세스에 CSR기능을 통합하고 있고, 정부 및 EU의회의 CSR에 대한 요구가 증가하고 있으며, CSR 표준화에 대한 정부 차원의 대응을 하고 있고, CSR을 통한 기업 이미지 개선 및 위험관리에 중점을 두고 있다.

〈표 7〉 기업의 사회적 책임에 대한 미국과 유럽(EU)의 특징 비교

미 국	유럽(EU)
종업원의 자발적인 공동체 참여 기업지배구조 신뢰회복 관점에서 접근 제도 준수 법령 준수를 CSR의 일부로 간주 정부 간섭이 미약하며, 기업의 자율성이 강조됨 CSR에 대한 정부 차원의 대응 방안을 갖고 있지 않음 정부가 사회적 책임을 제대로 하지 못하는 부분을 민간 부분이 보완하는 개념으로 사회공헌에 초점	핵심 비즈니스 프로세스에 CSR기능을 통합 정부 및 EU의회의 CSR에 대한 요구 증가 CSR 표준화에 대한 정부 차원의 대응 CSR을 통한 기업 이미지 개선 및 위험관리에 중점

출처: 김현수(2006). 유럽기업의 윤리경영 추진동향과 시사점. 전국경제인연합회. CEO Report. CER – 2006 – 18.

4.4. 한 국

한국의 경우는, 기업의 사회적 책임에 대한 중요성을 최근 크게 인식하고 있으나, 아직 실행은 부족하다.

〈표 8〉 전 세계 지속가능보고서 발간 기업 추세

연 도	1999	2000	2001	2002	2003	2004	2005	2006
기업 수	23	37	114	254	461	647	753	860

출처: 노광표(2007), 기업의 사회적 책임.

〈표 9〉 국내 지속가능보고서 발간 기업 현황

연 도	기업명	누적 기업 수
2003	삼성 SDI, 현대 자동차, 기아 자동차, 한국 다우코닝	4
2004	포스코, BAT코리아, 디아지오 코리아	7
2005	한국전력, 대한항공, SK, 신한은행, 현대해상, 한화석유화학, 롯데백화점, 한국수자원공사, 한국토지공사	16
2006	KT, LG전자, 삼성전기, 유한킴벌리, 웅진코웨이, 대우 증권	22

출처: 노광표(2007), 기업의 사회적 책임.

점차 기업의 사회적 책임의 중요성이 증대됨에 따라, 전국경제인연합회를 비롯, 재계는 국민들의 신뢰를 얻기 위해 기업의 사회적 책임 이행 활동을 대폭 강화하고, 각 기업별로 'CSR위원회'를 자율적으로 만들어 윤리·투명경영과 사회봉사 등 지속 가능한 경영활동을 적극 유도하기로 했다. 전경련 회장단은 '비즈니스 프렌들리' 정책을 표방한 새 정부가 규제개혁 등을 통해 기업하기 좋은 환경 조성에 나서고 있는 만큼 기업들도 국민들의 신뢰를 확보해 나가는 노력을 보여야 한다는 데 의견을 같이했다. 이에 따라 재계는 CSR 강화를 위한 결의문을 채택하고 기업이 투자활성화와 일자리 창출이라는 본연의 책임은 물론 법적·윤리적·사회공헌적 책임을 성실히 수행하기로 하였다(서울경제, 2008. 3. 13).

5. 기업의 사회적 책임 관련 선행 연구

기업의 사회적 책임에 대하여 다양하게 연구되어 왔다. 선행 연구들에서 기업의 사회적 책임과 기업 성과와의 관계를 연구한 결과를 보면, 정적인 관계가 있다는 연구들(Cochran, Wood 1984, McGuire et al. 1988, Stanwick and Stanwick 1998)도 있고 관계가 없거나 부적인 관계가 있다는 연구들(Aupperle et al. 1985, McGuire et al. 1988)도 있다. 기업의 사회적 책임에 관한 국내외의 선행 연구들을 살펴보도록 하겠다.

5.1. 국외 연구

Eells와 Walton(1961)은 기업의 사회적 책임은 기업의 활동으로 인해 발생하는 문제의 관점 및 기업과 사회의 관계를 지배하게 되는 윤리원칙의 관점에서 생각해야 한다고 주장하였다. 또한 기업은 이러한 문제를 해결하고 윤리를 준수함으로써 사회적 책임을 다해야 한다고 하였다. McGuire(1963)는 기업이 사회 전체에 대해 책임을 져야 한다고 주장하였는데 그는 기업이 사회에 대해 경제적, 법적인 의무뿐 아니라 전체 사회에 대해 책임을 져야 한다고 주장하였으며 특히 기업의 사회봉사를 강조하고 있다. Sethi(1979)는 한 기업의 사회적 책임을 사회 측면과, 윤리 측면에서 바라보고 기업의 사회적 책임은 사회·환경문제를 해결하고 윤리원칙을 준수하는 것이라고 거론하였다. 이러한 이론들을 살펴보면 기업은 법률적, 경제적 의무를 넘어서 사회적 규범이나 가치, 그리고 사회적 기대와 조화를 이룰 수 있는 기업행위를 해야 함은 물론 기업의 사회적 책임이 경제적·법률적·윤리적·재량적 기대를 모두 포함해야 한다는 Carroll(1979)의 이론과 일치한다. 기업은 주주만이 아니라 더 많은 이해관계자에게 기여하여야 하며, 경제적 가치를 넘어서서 보다 넓은 범위에서 인간 가치의 실현에 공헌하여야 한다(Buono & Nicholas, 1990).

Murray와 Vogel(1997)은 기업의 사회적 책임 수행으로 인한 이익은 장기적으로 기업에 도움이 된다고 하였다. 기업의 전략적 의사 결정의 관심이 단기 성과에서 장기 성과로 옮겨 가면서(Kaplan & Norton 2001) 기업의 사회적 책임의 중요성이 증대되고 있는 것을 표현한 연구이며 Creyer와 Ross(1997)는, 소비자들이 제품을 구매할 때 기업 윤리에 대해 얼마나 고려하고 있는지에 대해 연구한 결과 소비자들이 구매를 결정할 때 기업의 윤리를 중요하게 간주했으며, 기업이 윤리적으로 행동하기를 기대했다. Sen과 Bhattacharya(2001)는 기업의 사회적 책임 수행은 소비자의 기업평가에 긍정적 영향을 미치고, 제품 구매 의도에 긍정적 영향을 미친다고 하였다.

Kotler와 Lee(2005)는 기업의 사회적 책임 수행을 통해, 판매량과 시장 점유율 증가, 브랜드 포지셔닝 강화, 기업 이미지 형성, 종업원들의 획득 / 동기 부여 / 유지 증가, operating cost 감소, 투자자와 재무 분석가에게 긍정적 인식 부여 등의 이점이 있다고 하였다.

Joyner와 Payne(2002)는, 선량한 윤리가 기업의 수행에 있어 긍정적 경제적 영향을 미칠 수 있다는 인식에 대한 것을 통계자료들을 통하여 기업의 사회적 책임에 관련한 윤리, 가치, 정직, 책임감의 중요성을 강조하였다. 이러한 내용들은 기업의 문화와 경영에 통합된 가치, 윤리, 기업의 사회적 책임 간의 연계를 확인하기 위해 성공적으로 이러한 쟁점들을 다루어 온 기업 조직들을 분석하고, 가치의 존재와 수행을 확인하였다.

Welford(2002)는, 기업의 사회적 책임, 지속 가능한 개발을 향해 나아가기 위해 반드시 사회적, 환경적, 경제적 쟁점들을 조사해야 한다고 하였다. 사회적 책임은 윤리, 이해관계자들의 책임, 가치 체계를 고찰하도록 하며, 생산적일 수 있는 한 가지 시작점은 기업의 사회적 책임을 인권의 맥락에서 바라보는 것이며, 경영 활동을 통해 인권을 고려해야 한다고 하였다.

Podnar Golob(2007)은 기업이 이해관계자와 가지는, 즉 기업의 마케팅 모델로 정의되는 기대적 관계에서 기업의 사회적 책임에 대한 개인의 기대와 기업의 사회적으로 책임이 있는 행태를 뒷받침할 수 있는 준비성과의 관계를 연구하였다. 윤리적, 자선적 책임이 고객의 지지를 받는다고 하였다. 윤리적, 자선적 책임이 바람직한 고객, 이해관계자들의 반응과 보상에 기반을 둔 경쟁적 이익을 이끌 수 있다는 점을 제시하였다.

Welford et al.(2008)은 기업들과 이해관계자들에 대한 연구를 하여, 각기 다른 이해관계자 그룹들 내에서 기업과 그들의 이해관계자들 간에 상당한 차이가 존재한다고 하였다. 기업들의 이해관계자들의 견해와 요구를 알기 위한 노력을 해야 한다고 하였다.

Beckwith(1975)는 기업의 사회적 책임 활동은 후광효과에 의한 이미지 전이를 통해 기업이나 제품에 대한 이미지를 높이고 제품 구매를 촉진시키는 데 도움이 된다고 하였다. Freeman(1992)은 기업의 사회공헌 활동이 기업에 대한 긍정적인 인식을 갖도록 한다고 하였으며 Arnott(1994)은 기업의 사회공헌 활동이 기업 이미지를 향상시킨다고 하였다. David et al.(2005)의 연구에서는 기업의 사회적 책임 활동은 기업 이미지에 영향을 미쳤고, 이는 다시 구매의사에 영향을 준다는 것을 증명하였다.

Stump(1999)는 기업은 사회공헌 활동을 통해 신뢰를 창출한다고 하였다. Till과 Nowak(2000)은 소비자가 기업의 사회적 책임활동의 일종인 공익연계마케팅을 하는 동기를 신뢰한다면, 지각된 사회적 책임의 대가로 낮은 품질이나 높은 가격도 받아들이려 할 것이라고 하고, 이러한 신뢰는 그 기업에 대한 소비자들의 지원 의도에 영향요인이 될 수 있다고 한 연구결과, 기업의 사회적 책임 활동은 고객들이 기업 관련 지식을 넓히는 데 도움을 준다(Sen and Bhattacharya 2001)는 연구들은 각각 기업의 사회적 책임이 기업의 신뢰에 영향을 주는 변수로 작용하여 경영지속성의 요인이 된다는 중심으로 연구한 연구물이다. 이러한 고객의 기업 관련 지식은 고객의 만족을 높이는 선행 변수이므로(Jayachandran et al. 2005, Mitas et al. 2005), 기업의 사회적 책임 활동은 기업 제품, 서비스에 대한 긍정적 인식을 하도록 하고 만족에 긍정적 영향을 주는 것으로 볼 수 있다. Luo와 Bhattacharya(2006)은 기업의 사회적 책임 활동이 고객 만족에 긍정적 영향을 준다고 하였으며, 일반화된 고객은 사회적 책임 활동을 하는 기업이 제공하는 제품이나 서비스에 보다 더 만족한다고 하였다.

Salmones et al.(2005)는, 기업의 사회적 책임에 대한 연구는 최근 수십 년간 많은 연구의 대상이 되어 왔으나, 마케팅 수단으로서 기업의 사회적 책임이 가지는 이익에 대한 지속적인 조사가 필요하

다고 하고, 사회적 책임의 다차원적 관점을 채택하여 사회적 책임
이란 개념의 구조와 구성요소들을 결정하였다. Zahra와 Tour(1987)
는 기업의 사회적 책임에 대한 연구에서 기업의 사회적 책임과 조
직효과성 간의 잠재적 연계성을 연구하였다. 특정한 기업의 사회적
책임 실행이 조직효과성 결과에 영향을 미쳤다. 기업의 사회적 책
임은 기업 성과에 영향을 준다(Waddock and Graves 1997).

  Stanwick과 Stanwick(1988)은 기업의 명성 지수를 통해 측정된 윤
리, 사회적 책임이 재무적 성과와 정(+)적 관계가 있다고 하였다.
Pava와 Krausz(1996)는 기업의 사회적 책임과 경제적 성과 사이에
는 복잡하고 미묘한 차이가 있으며, 사회적 책임을 실천하는 기업
이 그렇지 않은 기업보다 경제적 성과가 더 좋은 유의한 차이가 있
다고 하였다.

  Cochran과 Wood(1984)는, 기업의 사회적 책임과 재무적 성과 간
의 관계를 연구하였다. 기업 자산이 사회적 책임 순위와 매우 상관
관계가 있는 것으로 나타났다. Balabanis et al.(1998)은, 기업의 사
회적 책임과 기업의 재무적 성과의 관계를 연구한 결과, 기업의 사
회적 책임 수행이 재무적 성과와 관련이 있다고 하였다. Cochran과
Wood(1984)는 기업의 사회적 책임과 재무성과 간의 관계를 기법과
산업 – 특정 통제집단이 개선된 새로운 방법론을 사용하여 검증하
였다. 기업 자산의 평균연령은 사회적 책임 순위와 높은 상관관계
를 가지는 것으로 나타났다. 이러한 요소들을 통제한 후에도 기업
의 사회적 책임과 재무성과 간에 어느 정도 상관관계가 존재한다
고 하였다.

  Podnar와 Golob(2007)는 전략적 관점에서 기업들이 고려해야 할

4가지 CSR 전략을 제시한다. 첫째, 이해관계자 전략, 둘째, 이타적 전략, 셋째, 상호간 전략, 넷째, 시민전략이 있다. 경제성, 사회성, 환경성 보고와 같은 매체를 통한 완전하고 열린 공개를 통해 시민전략을 도구로 하는 기업들은 공공적 투명성과 책임을 목표로 한다. 마지막으로 특정 이해관계자들에 대한 사회적 책임을 목표로 설정함으로써 그러한 목표는 그러한 이해관계자들에 대한 장기적 가치 창출을 향상시킬 뿐만 아니라 기업의 시장 내에서의 재무적·평판적 입지도 향상시키게 된다.

Welford(2002)는 기업들과 그들의 이해관계자들에 대한 조사를 보고하고 있다. 491개의 설문응답 표본에서 CSR의 영역을 비교하였다. 가장 중요한 영역은 환경, 건강, 안전, 관리였다. 모든 요소들은 모두 중요한 것으로 간주되었으나 가장 덜 중요한 것이 박애였다. 기업들과 그들의 이해관계자들 간, 그리고 각기 다른 이해관계자 집단들 간에 주목할 만한 차이들이 있었다. 우선 영역에 대한 관점들은 집단별로 다르게 나타났다. 이 연구는 기업들의 관점과 그들의 이해관계자들의 관점, 요구 측정의 중요성을 보여준다.

포춘은 기업의 사회적 책임성 설문 조사를 위해 이해관계자 관여에서 수행관리까지의 6개의 기준을 포춘 선정 전 세계 500여 기업 목록에서 상위 50여 기업에서 측정하였다. 2006년 1위 기업은 세계에서 가장 큰 휴대폰 운영회사인 영국의 Vodafone으로, 이 기업은 CSR을 저변화시키는 것을 목표로 하고 기업을 운영하고 있다. 이 순위를 높이기 위해 기업들은 지속적으로 경영체계를 더욱 개발하거나 보다 광범위한 이해관계자들에 관여하는 등 자신들의 순위를 지키기 위해 개선을 해야 했다.

5.2. 국내 연구

국내 연구로, 박상금(2006)은 기업 이미지를 기업 특성 이미지, 사회봉사 이미지, 제품 관련 이미지로 구분하고, 기업의 사회적 책임의 일부분인 기업의 사회공헌 활동이 기업 이미지, 구매 의도, 고객 관계유지 의도에 긍정적 영향을 미친다고 하였다. 박상금(2006)은 사회적 책임의 일종인 사회공헌 활동에 대한 소비자들의 인식이 고객의 구매의도, 고객 관계유지의도에 긍정적 영향을 준다고 하였다. 또한 정기한, 허미옥, 신재익(2007)은 기업의 사회적 책임 활동이 기업 이미지에 긍정적 영향을 미치고, 기업 이미지는 신뢰, 몰입에 긍정적 영향을 주어 고객 충성도를 형성한다고 하였다. 김창호(2006)는 기업의 사회적 책임은 방어적인 것이 아닌 새로운 기회로 인식할 필요가 있다고 하고, ISO26000 시행에 대한 기업의 사회적 책임 경영 구축이 필요하며, 기업의 사회적 책임 인식, 윤리경영체제 확립, 지속가능경영체제 도입을 함으로써 존경받는 기업이 되어야 한다고 하였다. 박헌준 외(2001)는 기업 경영의 건전성과 윤리성이 기업의 재무적 성과에 정적인 영향을 미친다고 하였으며 전경련(2004)은 기업의 윤리 경영이 경제적 성과와 정적 관계가 있다고 하였다. 유성은(2006)은 기업의 윤리 수준, 즉 기업 CEO의 윤리적 수준요인 및 가치관이 경영성과에 미치는 영향에 대해 연구하였으며, 경영성과를 재무적 성과, 조직적 성과, 사회적 성과로 구분하여 연구한 결과 기업 윤리 수준이 경영성과에 영향을 미친다고 하였다.

또 이상민(2002)은 기업의 사회적 책임의 일부인 사회공헌활동이 사회로부터 신뢰를 획득하는 중요한 수단이 된다고 하였으며 양원 승(2006)은 기업의 사회적 책임이 소비자들의 경제적 만족, 사회적 만족, 그리고 신뢰에 긍정적 영향을 미친다고 하였다.

신호창(1996)은 마케팅 PR 프로그램 기획을 위한 전략적 연구에서 기업 이미지 마케팅 사례를 중심으로 진행하였다. 기업 이미지 마케팅 전략을 개발하기 위해 수행된 전략 연구로 기업이 사회 후원 사업을 수행함으로써 기업 이미지를 제고시키고 동시에 제품 구매력을 강화시키는 이른바 MPR 전략에 관한 연구이다. 이 연구자는 연구의 수행을 경제 관련 언론인, 증권사 직원, 교사 선생님, 소비자 단체 및 관련 기관 임원을 대상으로 진행하였으며 이 연구에서 효과적인 MPR 전략을 제시하고 기업이 해결해야 할 한국사회의 문제를 지적, 교육사업의 리더가 되려는 A기업의 사례에서 '소외계층 어린이를 위한 지원사업'을 부의 편재 문제 해소 차원에서 수행하는 것이 바람직한 것으로 결론지었는데 역시 기업의 사회적 책임을 거론한 것이라 할 수 있다.

하봉준(1999)은 기업의 이미지를 구축할 수 있는 다양한 활동 중 사회적 책임이 구매 의도에 미치는 영향에 대한 연구를 수행하였다. 이 연구는 대기업 중심의 사회책임활동과 광고홍보활동으로 이미지 구축을 하고 있는 기업을 중심으로 이루어졌으며 이 연구는 대상기업 제품 특성 분석과 기업 이미지 구성 요인 분석, 기업 이미지 평가 요인의 업종별 중요도 분석, 관여도 및 제품 유형에 따른 조사 대상으로 분석하였다. 이 연구에서 사례 대기업들은 환경보호노력, 문화예술지원, 사회봉사활동이 구매의도에 영향을 받고 기업의 광고 효과가 높다는 것을 입증하였으며 제품 서비스 만족과 고객 만족 노력 또한 구매 의도에 영향을 끼치는 주요 인자로 추출되었다.

김이환 등(2005)은 사회책임활동이 기업 평판에 미치는 영향 연구를 수행하였는데 사회책임활동 척도별 기술통계 결과를 중심으로 기업의 사회간접자본 투자비교, 기업의 경제적 사회활동, 기업 사회활동지수와 요인 가중치 등을 주요 변수로 활용하여 기업평판이 높은 기업과 낮은 기업으로 구분하는 영향요인파악과 13개의 구성요소를 항목별로 결론을 도출하였다.

하봉준(2003)의 연구는 본 연구의 주제인 중소기업의 성과와 효율성 제고를 위한 비교 연구에 활용되어 대기업의 사례가 중소기업에도 가능한 것을 찾는 데 유용한 연구가 되었다.

이들 연구의 주요 골자는 우선 우리나라 실정에서 소비자와의 갈등 해소와 홍보 및 선전을 위한 기업의 사회적 책임 소비주체로서의 혹은 시민정신에서 보는 이익집단으로서의 기업 집단들이 다양한 제품으로 인하여 야기되는 문제점으로 인하여 날이 갈수록 소비자인 국민들과의 갈등이 곳곳에서 발생하고 있으며 이러한 갈등은 원천적으로 기업이 사업을 수행하며 피할 수 없는 경영적 성과 달성과 이에 부수되는 문제로 인하여 기업시민으로서의 역할을 다하지 못하여 혹은 등한시하여 파생되는 문제들로, 기업의 사회적 책임과 기업 윤리를 수행함으로써, 이러한 모순을 어느 정도 감소시켜 소비 주체로서의 혹은 시민 정신에서 보는 기업의 위상을 소비자와 더불어 가는 개체로서 인식되도록 도와줄 수 있다는 결론을 도출하였다. 오늘날 같이 기업의 행동을 유리알처럼 대중 속에 들어 내놓아야 하는 시대에 소비자와의 갈등의 효과적인 해결 없이는 홍보나 기업 이미지 제고를 위한 PR만 가지고는 기업의 이미지나 홍보를 효과적으로 전개하고 지속적으로 유지하기는 기대할 수가 없게 된다.

　소비자 관계나 지역 주민 관계는 쌍방향적 커뮤니케이션을 원칙으로 하는데 민주화된 시대의 국민적 정서 속에서 소비자나 국민은 과거의 수동적이거나 무비판적인 태도를 벗어나 적극적으로 자신의 권리를 요구하고 찾는 주체 의식을 갖게 된다. 소비자 관계나 국민들과의 관계에서 사회책임경영에 관한 PR 개념관계에서의 쌍방향적 커뮤니케이션이란 행정 조직의 정책 결정과 업무 수행 과정에서 주민의 광범위한 참여와 여론 형성 및 수렴을 의미한다. 여론의 형성과 수렴은 곧 홍보와 광고에서 이루어지며 이를 통하여 소비자 인식제고 및 주민 참여와 관심이 이루어지고 기업은 이를 통하여 구매행위를 자연스럽게 유도하게 되는데 사회적 책임의 수행은 이러한 과정의 자연스런 소비자 설득과정이라고 볼 수 있다. 따라서 소비자나 국민들은 기업의 사회적 책임과 윤리 경영에 대해서 의미를 커뮤니케이션이란 도구로 알고 있으며, 자신들을 위해 일하는 기업, 소비자에게 공헌할 줄 아는 기업을 원하며 이미 유한킴벌리 등 많은 기업들은 자신들의 이미지를 소비자 가슴속에 깊이 심어 주어 소비자가 자발적인 구매행위에 가담하게 할 정도로 효과를 거두고 있다(한은영, 유은아 2003).

　이러한 방법들은 대부분 소비자를 위한 기업의 공헌활동에 대한 홍보 및 PR 차원에서 이루어지고 있으며 갈등을 해소하거나 소비자를 이해시키는 방법으로서 소비자나 해당 기업의 지역 주민과 직접 대화를 나누거나 사회적 책임의 일부를 동참하여 수행하는 것은 바람직한 일이다.

6. 패션 기업의 사회적 책임 관련 선행 연구

글로벌화되고 노동집약적 산업인 패션 산업은, 약 70개의 개발도상국과 신흥공업국의 생산 공장 지역에서 지배적 부문을 차지하고 있다(Wick & Ingeberg 2000). 그러므로 패션 기업의 사회적 책임 수행이 필요하고 중요한 것이다. 그러나 패션 기업에서 사회적 책임이 수행되지 않는 경우들이 있다. '신발, 피혁, 섬유, 의류산업의 노동관행'에 대한 연구(International Labor Occupation 2000)에 의하면, 패션 산업에서 사회적 책임을 지키지 않는 고용 양상으로 아동의 노동 착취, 근로법을 준수하지 않는 강제 노동, 임금 차별 등으로 나타났다.

Dicson(2001)은 미국인과 중국인을 대상으로 비윤리적 의류 소비 행동에 민족성, 문화적 동질성 등이 영향을 주는지에 대해 연구하였다. 연구 결과 미국 문화에 가까운 동질성이 중국 문화에 가까운 동질성보다 더 비윤리적 소비 행동을 받아들이는 경향을 나타냈다. 신초영(2004)은 패션 업체의 기업 윤리와 소비자 윤리에 대해 연구하였으며, 연구 결과 이상적 가치관이 높을수록 기업 윤리 의식이 높고 상대주의 가치관이 높을수록 기업 윤리 의식이 낮았다. 이승희, 김미영(2006)은, 패션 기업의 사회적 책임이 브랜드 애착 및 브랜드 자산에 영향을 미친다고 하였다.

WWF(World Wide Fund for Nature) 영국 지부는 럭셔리 기업의 사회, 환경친화적 책임에 대한 조사를 하였다. 럭셔리 업체 10개를 선정하여, 이들을 대상으로 ESG(Environment, Social, Governance) 요소에 대한 점수를 측정하였다. 그 결과는 다음과 같다.

〈표 10〉의 내용을 보면, 점수가 높을수록 기업의 사회적 책임을 잘하는 것을 나타낸다. 그러나 조사 대상 기업들이 기업의 사회적 책임을 매우 잘 수행하는 정도는 아닌 것으로 나타났으며, 이들 기업 중 매년 사회적 책임 보고서를 발행하는 기업은 세 개에 불과했다. 럭셔리 브랜드 기업들의 사회적 책임이 부족함을 알 수 있다.

〈표 10〉 국외 럭셔리 기업의 사회, 환경적 책임 평가

Group	Covalence	EIRIS	Total	Rank	Grade
L'Oreal	38.5	30.0	68.5	1	C+
Hermes	50.0	17.9	67.9	2	C+
LVMH	37.2	29.9	67.1	3	C+
Coach	50.0	16.2	66.2	4	C
Tiffany	47.8	11.9	59.7	5	D+
Swatch	38.9	13.8	52.7	6	D
PPR	21.3	30.3	51.5	7	D
Richemont	35.5	15.2	50.6	8	D
Bulgrari	20.0	17.6	37.6	9	F
Tods	25.0	9.9	34.9	10	F

출처: WWF(2007), *Deeper Luxury.*

패션 기업의 사회적 책임, 기업 윤리, 패션 제품을 구매하는 소비자들의 윤리 의식에 대한 연구가 필요하나, 이에 대한 연구는 거의 없다(Dickson 2001, Shen & Dickson 2001). 그러므로 기업의 사회적 책임의 중요성이 세계적으로 증대되는 상황에서, 본 연구에서는 패션 기업의 사회적 책임 경영성과에 대하여 연구하였다.

패션 기업의 사회적 책임 경영의 국내외 사례

1. 국외 사례

1.1. 팀버랜드(Timberland)

1918년 미국 보스턴에서 시작된 아웃도어 전문브랜드로 가죽 부츠에서 출발한 팀버랜드는 머리부터 발끝까지 아우르는 TOP – TO – TOE 브랜드로 성장해 의류, 신발, 배낭, 손목시계, 벨트 등 토털브랜드로 자리 잡았다. 팀버랜드의 행동강령은 전 세계에 공정하고 안전하고 비차별적인 직장을 보장할 수 있도록 도와주고 있으며, 제품이 생산되는 지역사회들에 긍정적인 변화들을 창출할 수 있도록 도와준다. 팀버랜드는 행동강령을 강화하고 이해관계자들에 관계하며 지역사회의 역량을 구축하고 필요한 해법들을 제안하고 정확하고 투명한 보고를 활성화시키면서 35개국 290여 공장에서 일하는 약 175,000명의 노동자들의 삶의 질을 개선시킬 수 있도록 하고 있다. 2005년 기준, 매출액은 16억 달러이며, 포춘지 선정 '가장 일하고 싶은 100대 기업'에 9년 연속선정, '직장여성이 뽑은 최우수 기업' 등으로 선정되었다. 구체적 활동은 다음과 같다.

먼저 환경보호를 위한 노력을 하고 있다. '지구의 날'은 자연 환경에 대한 사랑과 봉사에 대한 열정을 합친 것이다. 매 4월마다 팀버랜드는 수백만 사람들과 함께 전 세계적인 지구행사에 참여한다. 팀버랜드는 환경적 쟁점들과 지속 가능한 제품, 대체에너지와 대체에너지 경영 우수사례 및 투명한 환경영향평가에 대한 인식을 넓히는 데 전념하고 환경 리더들과 지역 파트너들과 함께 아웃도어 환경을 보전하도록 수천 명의 직원들을 참여하게 한다. 팀버랜드는 천연자원을 보존해야 할 책임을 기꺼이 받아들인다. 그리고 매일 나무들을 심고 태양집열판을 세우고 지속 가능한 제품을 개발하고 지구를 지키기 위한 시민활동을 장려하면서 지속 가능한 미래를 위한 실천을 표현하고자 한다. 팀버랜드는 사회적 책임의 일환으로 제품을 생산하고 기업을 경영한다. 2007년에 '녹색지표'를 도입하였다. 이는 제품의 환경영향 측정을 나타낸다. 녹색지표 프로그램은 부츠에서부터 샌들에 이르기까지 아웃도어 제품의 전 영역에 확대될 것이다. 녹색지표는 기후영향(각 재료생산에서부터 완제품 제조에 이르기까지 전 과정에서 온실가스 배출 측정), 사용된 화학품들, 자원소비(재활용 물질, 유기물질 및 신재생 물질의 중량비율) 등의 내용들을 포함한다. 녹색지표의 범위는 0~10까지인데 100% 재활용, 유기농, 신재생물질인 0점부터 그러한 재료들이 전혀 없는 10점까지이다. 0~100% 사이의 단계에 상응하는 수치로 나타난다.

또한 봉사 프로그램으로, 팀버랜드의 전 직원이 1년에 40시간의 유급 자원봉사시간을 사용하도록 하는 제도이다. 팀버랜드는 이 프로그램을 통해 지역사회의 환경보호에도 적극 참여하고 있다. 봉사 프로그램 방향은 개인의 특별한 열정을 북돋고 고객들과 이해관계자들을 위한 전 세계적 행사들을 제공한다. 직원들은 봉사 안식일을 통해 넓게 생각하고 자신들이 선택한 비영리단체에서 더 큰 기회를 창출할 기회를 가지게 된다. 개인들은 자신이 선택한 비영리단체에서 자신들의 특기를 살린다. 전 세계의 직원들은 자신들의 기술을 개발하고 봉사를 통해 기술범위를 확대시킨다. 단체들과 소비자들과의 전 세계적인 행사들과 파트너십들을 통해 그 영향을 극대화한다. Serv－a－palooza는 봉사를 위한 연례행사로, 전 세계 20개 이상의 국가에서 5,000여 명의 팀버랜드 직원과 팀버랜드 협력 업체 그리고 자원봉사자들이 참여해 하루 동안 사회봉사를 하는 행사다. 그 영향은 세계적으로 광범위하다. 성공을 측정하는 데는 수많은 방법들이 있다. 이 행사는 1997년 팀버랜드 창립 25주년 행사의 일환으로 시작되어 미국 본사뿐만 아니라 전 세계 팀버랜드가 다 같이 진행한다(www.timberland.com).

1.2. 나이키(Nike)

나이키는 1964년 1월에 블루리본 스포츠(BRS)로 시작되었다. 1972년 블루리본 스포츠는 나이키란 이름의 새로운 브랜드로 변경하였다. 나이키는 전 세계적으로 약 25,000여 명의 직원을 고용하고 있다. 또한 약 650,000명의 직원들이 전 세계에 있는 나이키 하청 업체에서 일하고 있다. 2006년도에 2005년도보다 9% 수입이 증가하여 미화 150억 달러의 수입을 올렸다고 보고하였다.

1998년 나이키의 매출이 전 세계적으로 감소하였는데, 큰 이유는 나이키의 노동 관행이었다. 1997년 노동 관행 감시 기구는 Ernst & Young이 1996년 발표한 베트남 공장 감사 결과를 발표했다. 감사 결과에 따르면 베트남에서 노동자들은 안전하지 않은 환경에서 주 65시간 근무에 근무 초과 수당도 제대로 받지 못했다. 이 발표 이후에 언론에서 저임금, 10대 노동력 착취, 근로자에 대한 부적절한 대우 등을 계속 보도하자 인권 단체와 노동자 권익 보호 단체는

줄지어 나이키를 공격했다. 그중에는 기업 책임을 위한 종교 연합(Interfaith Center for Corporate Responsibility and Global Exchange)과 해외 노동 착취 기업에 반대하는 학생 연합(United Students Against Sweatshop)도 포함되어 있었다. 나이키의 노동 관행에 대한 반대 노력으로는 제품 불매운동, 의원들의 항의 편지, 회사 소송 등이 있다. 비난이 쏟아지자 나이키는 회사 노동 정책을 전면적으로 수정했다. 노동 관행에 대한 비난이 계속 높아지면 이것이 1990년대 말에는 언론에서 큰 이슈가 될 것으로 생각한 나이키는 노사관계에 있어서 최고의 기업이 되겠다고 결심했다. 감사 결과를 존중하면서 나이키는 환기 시설을 설치하고 이미 존재하고 있던 주 60시간 근무제를 집행함으로써 1996년 감사에서 보고된 안전하지 못한 노동 환경은 이미 상당 부분 개선됐다고 처음으로 발표했다. 또한 나이키는 베트남 공장 노동자의 임금이 서구의 기준으로 보면 낮지만, 나이키 노동자들은 베트남 평균 임금보다 더 많은 돈을 받는다고 주장했다. 나이키는 전 애틀랜타 시장이자 UN 대사인 Andrew Young과 그의 회사인 Goodworks International이 실시한 1997년 조사 결과를 예로 들면서 "광범위하고 조직적인 노동력 착취의 증거는 없다."라고 했다. 1998년 나이키는 국제 노동 기준을 새로 만들어 집행하겠다고 공식 선언했다. 새로운 노동 기준에는 신발 제조 노동자들의 나이는 18세 이상으로 제한하기, 제조 과정에서 수성 용매와 접착제 사용하기, 직업 위생 관리국(OSHA)이 정한 실내 공기질 수준 준수하기, 외부 단체에 감시 역할 맡기기 등이 포함되어 있다. 같은 해에 나이키는 기업의 책임 부서(Corporate Responsibility Division)를 신설하고 기존에 회사 내에 존재하던 노동, 환경, 지역

사회 그룹을 하나로 합쳤다. 이 부서의 임무는 나이키가 전 인류, 나이키 임직원, 소비자, 협력 업체 등을 위한 프로그램을 실시할 때, 이 프로그램이 기업의 시민의식(corporate citizenship)을 지키도록 이끄는 것이다. 또한 나이키는 공정노동협회(Fair Labor Association: FLA)의 회원이 되었다. FLA는 백악관이 만든 것으로 글로벌 제조 기업을 위한 행동 강령을 세우고 감시 기능을 하는 것을 목적으로 한다. 나이키는 FLA가 승인한 Price Waterhouse Coopers의 도움을 받아 전 세계에 분포한 나이키 공장 500개에 대한 감사를 매년 실시하기로 했다. 1999년에도 노사관계를 개선하고 대중적인 이미지를 향상하기 위한 나이키의 노력은 계속되었다. 나이키는 인도네시아 공장 근로자들의 임금을 40% 인상했다. 그리고 노동자와 지역사회를 위한 국제 연합(Global Alliance for Workers and Communities)에 가입했다. 이는 공공, 민간, 비영리단체가 힘을 합해 만든 단체로 젊은이들에게 제조업 공장에서 일할 기회를 제공해 자신과 지역사회의 미래에 기여하도록 하는 것을 목적으로 삼는다. 노동자와 지역사회를 위한 국제 연합은 지역사회에서 부족한 부분을 발견해내고 나이키와 같은 회사들로부터 투자를 받아 지역사회의 필요를 충족시켜 주는 역할을 한다. 이와는 별도로 나이키는 소액대출 프로그램을 실시함으로써 지역사회에 투자하는 노력도 했다. 1999년 인도네시아에서 시작된 소액대출 프로그램은 나이키 근로자와 지역사회에 사업 자금을 대출해 주었다. 나이키는 2000년 말까지 베트남, 인도네시아, 태국, 파키스탄의 나이키 공장 주변에 사는 여성들에게 5,000건의 소액대출을 해 주고 이들이 작은 자기 사업을 할 수 있도록 할 것이란 계획을 세웠다.

나이키의 지역사회에 대한 투자, 환경 의식, 비교적 높은 임금, 깨끗한 공장 환경 등에 대한 인식이 점차 개선되었다. 나이키는 일반 소비자들이 나이키의 노동 관행과 감사 결과에 접속할 수 있도록 했다. 나이키에서 '투명 101(Transparency 101)'이라고 부른 계획하에서 먼저, 2000년 5월부터 회사의 감사 결과를 웹 사이트에 공개하는 것이었다. 그 다음으로 나이키의 전 세계에 분포한 나이키의 생산 공장 견학을 지원한 사람 중 16명을 선발해 이들을 32개 공장으로 보냈다. 그리고 이들이 제출한 보고서 전문을 인터넷에 공개한다(www.nike.com).

〈표 11〉 패션 기업의 사회적 책임 경영 국외 사례

기업명	패션 기업의 사회적 책임	활 동
팀버랜드	경제 활동	16억 달러(2005년)
	법 준수	준수
	윤리적 경영	윤리규범을 제정하여 실천
	환경보호	환경보호 활동
	창의적 제품	창의적 디자인 패션 제품 개발, 판매.
	이해관계자들과의 관계	'가장 일하고 싶은 100대 기업'에 9년 연속선정, '직장여성이 뽑은 최우수 기업' 등으로 선정됨.
	사회적 기부	현금기부 및 매장모금, 안식년 프로그램, 물품기부
	지역사회참여 및 사회발전기여	자원봉사활동
나이키	경제 활동	매출액 150억 달러(2006년)
	법 준수	준수
	윤리적 경영	윤리규범을 제정하여 실천
	환경보호	환경보호 활동 유기면 사용량을 점차 증가함
	창의적 제품	독자적 기술 개발 창의적 제품 디자인
	이해관계자들과의 관계	기업의 책임 부서를 통해 인류, 나이키 임직원, 소비자, 협력 업체 등을 위한 프로그램을 실시
	사회적 기부	현금기부 및 물품기부
	지역사회참여 및 사회발전기여	지역사회에 투자, 스포츠 후원

2. 국내 사례

2.1. 제일모직

제일모직의 경영이념은 "인재와 기술을 바탕으로 최고의 제품과 서비스를 창출하여 인류 사회에 공헌한다."로 제일모직은 세계에 도전하는 미래 창조의 정신으로 기업의 사회적·윤리적 책임을 다하고 건전한 기업문화 활동을 통해 국민과 사회, 나아가 인류사회 봉사에 힘쓸 것을 경영방침으로 하고 있다. 제일모직은 한국능률협회컨설팅에서 뽑은 한국에서 가장 존경받는 기업에서 높은 순위를 받은 바 있으며 우수한 경쟁력을 바탕으로 뛰어난 경영성과를 창출하고 기업 이해관계자들에게 좋은 평가를 받아 올스타 기업으로 뽑혔다. 한편 당해 선정된 존경받는 기업 37곳과 나머지 113개 대기업은 재무가치를 비롯해 경영진 능력, 혁신과 사회친화 활동에서 많은 차이를 보인 것으로 나타났다. 이렇듯 제일모직은 대기업으로서의 사회적 책임활동에 많은 노력을 기울이고 있다는 것으로 평가되고 있다.

제일모직은 사업장별로 봉사단을 조직하여 활발한 지역 봉사활동을 펼치고 있다. 사업장별 임직원 봉사단은 사업장별 1하천 가꾸기 운동, 자매결연 시설 위문 등의 봉사활동을 정기적으로 실시하고 있다. 제일모직 구미 사업장은 2000년 환경부로부터 '환경친화기업'으로 선정되었고, 여수 사업장은 1999년 자율환경관리 모범사업장 지정, 2002년 SEQMS 인증(환경안전 품질 통합인증) 획득하는 등 제일모직은 국내외로부터 환경친화기업으로 인정받고 있다. 이

밖에도 제일모직 빈폴은 전국의 국립 공원관리 공단과 함께 자연 사랑 캠페인을 연중 실시하고 있다. 2000년부터는 매년 가을, 빈폴과 고객이 함께하는 자연 사랑 행사를 통해 국립공원 정화활동 및 자연사랑 홍보활동 등도 펼쳐 오고 있다. 지난 2000년 처음 실시한 이후 4회를 맞이하였고 이 행사는 빈폴의 브랜드의 이념인 '자연주의' 철학을 실현하고, 고객들에게 '자연사랑' 이미지를 전달하기 위한 캠페인이다. 사회공헌과 브랜드 타깃의 니즈(needs)를 함께 공략해 시너지 효과를 내는 경우도 있다. 로가디스 그린라벨에서는 30~40대의 체형을 고려한 '도네이션 진(Donation Jean)'을 개발하고, '생명의 숲 가꾸기 국민운동'과 연계해 해당 매출의 일부를 '푸른 숲 가꾸기'에 기부하는 '푸른 숲 가꾸기 캠페인'을 실시하고 있다. 제일모직이 판매 수익금을 사회공헌활동에 기부하는 '도네이션(Donation) 아이템'을 잇따라 출시하고 있다. 제일모직의 여성복 브랜드 '구호(KUHO)'는 최근 장애 어린이들의 기금 마련을 위한 도네이션 티셔츠를 출시했다(www.cii.samsung.co.kr).

2.2. FnC 코오롱

코오롱은 산업인의 사명에 투철하고 능률과 창의로써 저마다의 소질을 계발하는 보람찬 일터를 만들며, 인간 생활의 풍요와 인류 문명의 발전에 이바지한다는 경영이념 아래 코오롱은 투명하고 윤리적인 경영을 통하여, 주주, 고객, 임직원, 협력 업체 및 지역사회와 함께 성장 발전한다는 목표를 갖고 경영을 하고 있다. 이에 따른 '코오롱 윤리규범'을 제정하여 실천하고 있다. 이는 고객에 대한 책임과 의무, 법규 준수 및 공정한 경쟁, 공정한 거래, 주주에 대한 존중, 국가 및 사회에 대한 책임과 의무, 임직원에 대한 책임, 임직원의 기본 윤리, 윤리규범의 준수를 포함한다. 구체적인 사회 공헌 활동으로는, 오운여자실업고등학교 설립, 오운문화재단과 보람원 설립, 마라톤 지원, 살맛 나는 세상 캠페인, 코오롱가족 사회봉사단, 종합사회복지관 건립, 코오롱분수문화마당, 코오롱어린이드림캠프 등 다양한 프로그램으로 활동을 하고 있다. 각 사업장에서는 지역사회와 밀착된 형태로 환경보호 활동을 하고, 공제회와 소모임 등을 통해 어려운 이웃을 지원하는 활동도 하고 있다(www.kolon.co.kr).

2.3. 신세계

신세계는 신CI와 함께 신경영이념을 1999년에 제정하였다. 즉 신세계는 기업 윤리에 바탕을 두고 기업의 사회적 책임을 다하며, 고객, 종업원, 협력회사 및 주주가 성과와 가치를 함께 나누고, 풍요롭고 합리적인 생활문화를 선도하는 세계 초일류 유통 기업이 된다는 것이다.

신세계의 윤리경영 개념은, 회사 경영과 업무 수행에 있어 기업 윤리를 최우선 가치로 생각하고 신세계 전 임직원이 모든 업무 활동의 기준을 합법적이고 투명하며 합리적으로 업무를 수행하는 것으로, 보다 발전된 윤리 경영을 실천하기 위해 윤리 규범을 필요시 개정하여 형식적, 선언적 수준이 아닌 실질적인 형태로 윤리 규범을 운영하고 있다.

고객존중경영을 통해 고객에 대한 의무를 수행하고, 가치를 제공하며, 협력회사존중경영을 통해 협력회사와 공존공영을 추구한다. 준법경영을 통해 법규 준수와 자유경쟁 시장질서를 존중한다. 청결경영을 통해 임직원의 기본윤리를 준수하고, 인재중시경영을 통해 임직원에 대한 회사의 책임을 지키며, 사회봉사경영 국가와 사회에 대한 의무를 수행한다.

사회 공헌 활동을 구체적으로 살펴보면 다음과 같다. 신세계건설 집수리활동, 푸드시스템 결식아동 급식제공, 백화점불우이웃바자 등을 한다. 모든 사업장에서 회사 차원 활동과 임직원의 자발적인 사회봉사 활동을 병행하여 전개한다. 회사 차원으로 장학사업, 환경캠페인, 바자회, 불우시설지원, 지역발전기금 제공 등을 하며, 임직원 차원으로 독거노인결연지원, 복지시설 정기방문 봉사활동, 자연보호 등을 한다.

일과성, 시혜성이 아닌 기업의 사회적 책임을 다하고 임직원의 사회경험과 삶에 대한 인식 확대를 위해 지속적으로 시행한다(www.shinsegae.com).

그러나 전체적으로 볼 때, 국내 패션 기업들의 사회적 책임 수행 정도는 부족하다. 지속가능보고서의 발간 정도를 보면, 한국 기업의 CSR 수행 정도가 부족함을 알 수 있으며, 국내 패션 기업의 경우는 지속가능보고서를 발간하는 기업이 없는 상황이다. 이러한 상황에서 국내 패션 기업들도 기업의 사회적 책임을 고려하고 수행할 필요가 있다.

<표 12> 패션 기업의 사회적 책임 경영 국내 사례

기업명	패션 기업의 사회적 책임	활 동
제일모직	경제 활동	매출액 3,112,403(단위: 백만 원, 2007년)
	법 준수	준수
	윤리적 경영	사회적·윤리적 책임을 다하고 건전한 기업문화 활동을 통해 국민과 사회, 나아가 인류사회 봉사에 힘쓸 것을 경영방침으로 함.
	환경보호	환경보호 활동 환경친화기업으로 인정받음.
	창의적 제품	빈폴의 독자적 체크 패턴.
	이해관계자들과의 관계	기업 이해 관계자들에게 좋은 평가를 받아 올스타 기업으로 선정됨.
	사회적 기부	수익금을 사회공헌활동에 기부
	지역사회참여 및 사회발전기여	사회친화 활동
FnC 코오롱	경제 활동	매출액 429,904(단위: 백만 원, 2007년)
	법 준수	준수
	윤리적 경영	코오롱 윤리규범을 제정하여 실천
	환경보호	환경보호 활동
	창의적 제품	창의적 소재 개발, 디자인.
	이해관계자들과의 관계	주주, 고객, 임직원, 협력 업체 및 지역사회와 함께 성장 발전한다는 목표.
	사회적 기부	공제회와 소모임 등을 통해 어려운 이웃을 지원하는 활동
	지역사회참여 및 사회발전기여	오운여자실업고등학교 설립, 오운문화재단과 보람원 설립, 마라톤 지원, 살맛 나는 세상 캠페인, 코오롱가족 사회봉사단, 종합사회복지관 건립, 코오롱분수문화마당, 코오롱 어린이드림캠프 등 다양한 프로그램으로 활동.
신세계	경제 활동	매출액 백화점 845,838 / 이마트 7,564,225 (단위: 백만 원, 2007년)
	법 준수	준수
	윤리적 경영	윤리규범을 제정하여 실천
	환경보호	환경보호 활동
	창의적 제품	창의적 디자인 패션 제품 판매.
	이해관계자들과의 관계	주주, 고객, 임직원, 협력 업체 및 지역사회와 함께 성장 발전한다는 목표.
	사회적 기부	결식아동급식제공, 백화점불우이웃바자, 불우시설지원 등.
	지역사회참여 및 사회발전기여	지역발전기금 제공, 독거노인결연지원, 복지시설 정기방문 봉사활동 등.

패션 기업의 사회적 책임과 이해관계자

  CSR활동은 소비자들의 신념, 태도, 기업과의 일체감 등 인지적 측면과 브랜드 구매의도, 충성도와 같은 측면에도 긍정적 영향을 미친다(Baron, Miyazaki & Taylor 2000, Bhattacharya & Sen 2003, Brown & Dacin 1997, Hoeffler & Keller 2002, 한은경, 류은아 2003). Ferrell(2004)은 성공적인 CSR활동을 위한 개념적 모형을 구축하면서 CSR활동의 성과를 소비자에만 한정하는 관점보다 이해관계자들과의 관계를 강조하는 관점을 제안했다. 이해관계자는 특정 기업에 직간접적으로 이해관계가 있는 당사자들로, 소비자, 투자자, 평가기관, 종업원, 언론, 정부, 지역사회 등이 있다.

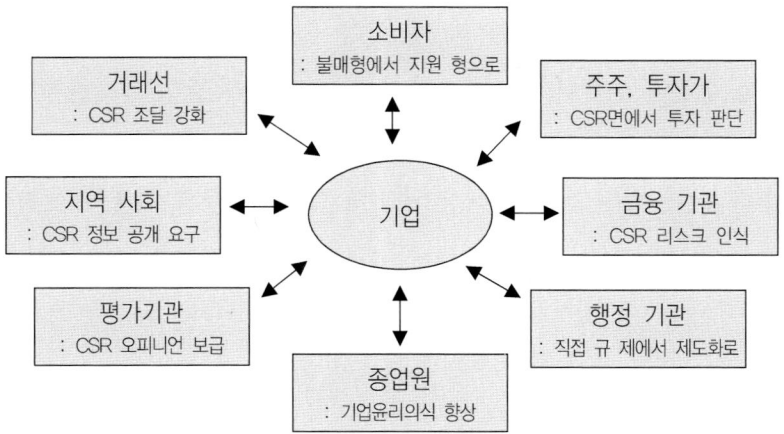

출처: 이교수(2007). *고객보다 더 큰 고객, 이해관계자*. 삼성지구환경연구소. p.11.

〈그림 4〉 이해관계자의 변화와 CSR 강화 필요성

Sen & Bhattacharya(2001)은 CSR활동을 어떻게 인지하느냐에 따라 소비자뿐만 아니라 종업원, 투자자 등과도 우호적인 관계를 구축할 수 있음을 밝혀냈다. 또한 CSR활동이 구직희망자(Greening & Turban 2000)에게 미치는 영향력을 검증한 연구들이 있다.

이해관계자 이론은 "기업이 조직적 목적 달성을 위해 영향을 미치고 다시 영향을 받는 그룹들 및 개인들 모두를 고려하고 있다."는 원리에 기초하고 있다. (Freeman 1984) 개인이나 단체가 한 조직 내에서 이해관계를 가지고 있다는 생각은 광범위하게 정의될 수 있다(Donaldson, Preston 1995, Freeman 1984). 조직들이 고려해야 할 다양한 이해관계자 그룹들에는 소비자, 피고용자, 투자자, 공급자, 입법자, 정부기관, 환경보호론자, 소매업자, 미디어, 경영진, 주주, 조합, 경쟁자, 법원, 특별 이익단체, 지방정부와 연방정부, 일반 대중 등이 포함된다(Coddington 1993, Ottman 1992). 이해관계자는 조직에 대해 법적 요구를 할 수 있다. 소유자들은 어느 정도의 재정적 수행이 이루어지길 기대한다. 일반 대중과 같은 이해관계자는 조직이 국가경제성장에 어떻게 영향을 미치는지에 단순히 관심을 가질 수도 있다. 이와 같이 이해관계자의 중요성은 그들이 조직에 대해 가지는 특정 사안들에 따라 다양해질 수 있다.

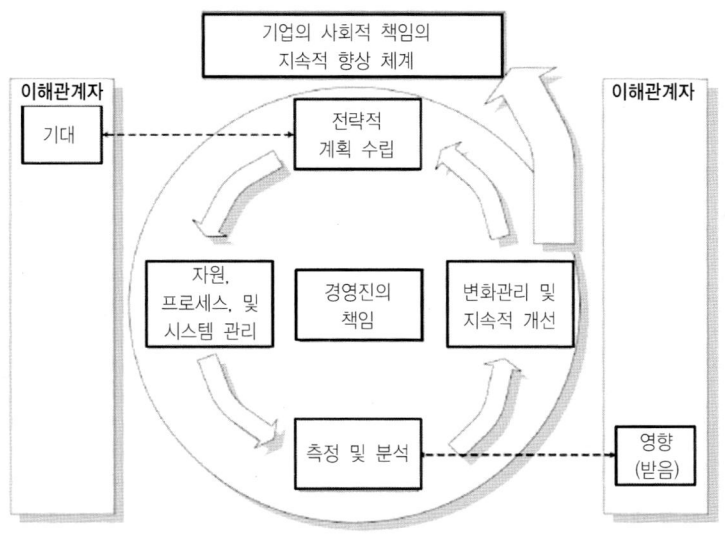

출처: Castka, P., Bamber, C. J. & Sharp, J. M.(2004). *Implementing Effective Corporate Social Responsibility & Corporate Governance - A Framework*, London: British Standards Institution.

〈그림 5〉 CSR 경영시스템

Castka & Sharp(2004)는 CSR 경영시스템을 수립하고 관리하고 개발하여 문서화하려는 기관들을 위해 개념적 구조작업을 제공한다. 〈그림 5〉는 이 구조작업을 나타내며, ISO 9001:2000 품질경영시스템과 양립하는 성과기반 경영관리시스템(PBMS)으로 고안되었다. CSR 경영시스템에 필요한 프로세스에는 경영진과 이사진 책임 프로세스, 이해관계자들의 기대치 식별, 전략기획, 자원 / 프로세스 / 시스템 / 측정 / 분석 경영, 변화와 지속적 개선 경영이 포함된다. 이 구조작업의 핵심은 이해관계자들의 기대치를 지속적인 영향성 모니터링을 통해 조직경영으로 전환시키는 것이다. 따라서 평가를 통해 그 조직이 이해관계자들을 만족시키는지 여부를 정한다. CSR

필수요건의 스펙트럼을 성공적으로 유도해 내는 유일한 방법이 조직 전체와 그 조직이 그러한 활동들을 어떻게 수행하는가를 살펴보는 것이다.

패션 기업은 이러한 여러 이해관계자와 연관되어 있다. 그러므로 이들과의 관계를 잘 유지하는 것이 필요하다. 이해관계자들의 역할이 더 복잡, 다양화됨에 따라 이들과의 관계의 중요성이 더 증대되고 있다. 그러므로 패션 기업은 다양한 이해관계자들의 요구를 알고 이를 고려하여 충족시키기 위해 노력하고, 이와 균형을 맞출 필요가 있다. 패션 기업의 사회적 책임을 연구하기 위해서는 다양한 이해관계자의 관점에서 연구할 필요가 있으므로, 본 연구에서는 이를 고려하여 소비자와 기업 전문가를 대상으로 조사하였다.

제4절 패션 기업의 사회적 책임 경영성과 구성 요소

기업의 경영성과는 '투자자 관점에서 수익이나 주주의 부 관점의 재무적 성과'로 정의된다. 그러나 기업을 경제적 가치와 사회적 가치를 창출하는 경제, 사회적 존재의 관점에서 보면, 기업의 경영성과도 경제적 성과와 사회적 성과로 구분할 수 있으며, 경제적 성과란 기업이 창출한 경제적 가치를 의미하는 재무적 성과를 포함하는 개념이며, 사회적 성과란 기업이 창출한 사회적 가치로, 내부 사회적 성과와 외부 사회적 성과를 포함하는 개념으로 볼 수 있다 (최종태 1989).

최근에는 경영 수익률과 윤리경영 수익률의 개념을 포함하는 균형 성과 지표(BSC: Balanced Score Card)가 기업들에서 활용되고 있다(유성은 2007). BSC는 Balanced Score Card의 약자로, 하버드 비즈니스 스쿨의 Kaplan과 Norton(1996)이 개발하였다. BSC의 핵심은 재무적 요인과 비재무적 요인을 균형 있게 관리하라는 것이다. 과거 기업들이 주로 재무적 지표를 기반으로 기업을 운영했다면, 이제는 고객 만족도 등 비재무적 지표도 함께 관리해야 한다는 것이다(Kaplan & Norton 1996).

선행 연구들(Cochran, Wood 1984, McGuire et al. 1988, Stanwick & Stanwick 1998)을 보면, 일반적으로 경영성과는 재무적 성과, 조직적 성과, 사회적 성과 등으로 측정하였다. 그러나 점차 고객과의 장기적 관계 형성과 유지의 중요성이 증대되는 상황에서, 관계적 성과도 경영성과로서 측정하고 연구할 필요가 있다. 그러므로 본 연구에서는 관계적 성과를 포함하여 연구하였다.

본 연구에서는 패션 기업의 사회적 책임 경영성과 중 사회적 성과인 기업 이미지, 관계적 성과인 고객 만족, 재무적 성과에 대하여 연구하고자 하며, 이에 대해 살펴보도록 하겠다.

1. 사회적 성과

사회적 성과란 기업이 창출한 사회적 가치로, 내부 사회적 성과와 외부 사회적 성과를 포함하는 개념으로 볼 수 있다(최종태 1989). 본 연구에서는 소비자들을 대상으로 조사를 하므로, 내부 사회적 성과인 조직적 성과를 제외하고, 외부 사회적 성과로서 대표적이며 중요한 기업 이미지를 변수로 선정하여 연구하였다.

1.1. 기업 이미지

기업 이미지는 학자마다 다양한 정의를 사용하고 있으나, 일반적으로 '개인이나 집단이 대상에 대해 가지고 있는 신념, 태도, 인상의 총합'(Barich, Kotler 1991)이라고 볼 수 있다. 즉 기업 이미지는 소비자들이 기업에 관하여 갖는 총체적인 신념, 태도, 인상이라고 정의할 수 있다. Assael(1998)은 소비자들이 기업의 다양한 정보와 기업 제품에 대한 경험으로 기업 이미지를 형성한다고 하였다. 기업 이미지의 제고는 마케팅활동에 긍정적인 영향을 미치기 때문에 기업들은 이미지 제고 방법에 많은 관심을 가지고 있다.

선행 연구들에서 기업의 이미지를 구성하는 요소들에 대한 연구가 이루어져 왔다. Winters(1986)는 기업 이미지를 형성하는 구성 요인을 기업 행동 요인(공정한 가격, 좋은 품질 제품), 사회적 행동 요인(환경보호, 소비자 권익 보호, 적정 세금 납부), 공헌 요인(사회적 기부)으로 구분했다. 조용석(2000)은 보험회사의 기업 이미지에 대한 연구에서 기업 이미지를 기업 경쟁력 요인, 기업 신뢰감 요인, 기업 / 제품 우수성 요인, 사회공헌 요인, 기업 대표 이미지 요인으로 구분하였다. 이러한 접근법의 논리는 구체적인 기업 이미지 구성 요인들을 찾아내고 측정해 봄으로써 어느 요인이 취약한지 발견하면 그 요인에 대한 이미지를 제고시키는 데 도움을 받을 수 있다는 것이다.

2. 관계적 성과

관계적 거래는 고객과 기업 모두에게 가치를 제공해 줄 수 있다. 고객 입장에서 믿을 수 있는 기업과 관계를 유지한다는 것은 편리하고 안전하게 양질의 제품과 서비스를 제공받을 수 있다는 것을 의미한다. 기업 입장에서는 장기적 관계를 희망하는 고객들에 의해 높은 성과를 창출, 유지할 수 있는 것이다. 이러한 관계 형성의 과정은 기업 대 소비자 관계뿐 아니라 기업 대 기업 관계에도 동일하게 적용된다(이동진 2007). Kalwani와 Narayandas(1995)는 장기 관계를 형성하고 있는 기업은 그렇지 않은 기업에 비해 매출 성장률이 높고 재고 보유 비용과 통제 비용이 낮으며 수익성이 높다고 하였다.

고객과의 관계 발전 단계는 만족, 신뢰, 몰입의 단계를 거쳐 충성도를 형성하게 된다. 신뢰와 몰입은 관계 품질 요소로 볼 수 있다. 관계 품질은 관계의 강도에 대한 총체적 평가로서 충성도와 같은 관계 성과의 매개 역할을 하는 것으로 나타난다(Morgan, Hunt 1994). 신뢰, 몰입은 관계 품질을 설명하는 중요한 차원으로 밝혀져 왔다.

본 연구에서는 관계적 성과로서, 여러 소비자 태도, 행동, 관계 품질에 영향을 미치는 중요한 선행 요인인 만족을 변수로 선정하여 연구를 하였다.

2.1. 고객 만족

만족은 제품이나 서비스에 관해 고객이 가지고 있던 기대가 실제 성과로 충족되었을 때 발생한다. 구매 전 탐색, 구매 경험, 구매

후 평가의 전 구매 기간 동안의 경험이 고객의 전반적 만족도로 나타나게 된다. 고객 만족에 영향을 주는 선행 변수로는 고객의 기대, 성과, 기대 대비 성과의 비교, 고객의 감정적 반응, 공정성 등이 있다(Szymansky, Henard 2001).

Oliver(1999)는 특정 제품이나 서비스 등과 같은 구성 요인들에 대한 만족이 기업에 대한 전반적인 만족을 형성하는 구성 요인이라고 하였다.

대체적으로 소비자 만족은 제품 / 서비스의 성과, 소비 경험이 기대보다 같거나 높으면 만족감은 높아지고, 기대보다 낮으면 만족감은 줄어든다는 기대－불일치 이론에 근거를 두고 있다(Tse, Wilton 1988).

Ganesan(1994)은 고객 만족은 마케팅 효과에 대한 핵심 개념으로, 매출을 증가시키고, 과거의 거래 성과에 대한 만족은 긍정적 감정 상태를 반영하여 미래의 상호 작용을 기대하게 하므로, 소매업과 고객과의 관계를 유지하는 데 핵심적인 선행 요인이 된다고 하였다.

3. 재무적 성과

재무적 성과는 객관적으로 측정 가능한 기업 성과로, 공개된 재무 지표인 객관적 척도를 사용하여 측정하는 성과이다. 재무적 성과는 일반적으로 재무적 수치나 비율로 나타난다. 수익성 지표로는 총자본수익률, 매출액경상이익률, 총자본순이익률, 매출액순이익률

등이 있고, 생산성 지표로는 부가가치율, 노동생산성, 투자수익률 등이 있으며, 성장성 지표로는 총자본 증가율, 매출액 증가율 등이 있다(Kaplan, Norton 1996, 유성은 2007).

　Balabanis et al.(1998)은 기업의 사회적 책임과 기업의 경제적 성과 간의 관계를 알아보았다. 먼저 이 둘 간이 관계를 설명하는 이론들을 검토한 후 이러한 이론들을 검증하기 위해 CSR 수행 척도들과 새로운 고객 집단 발표에 대한 56개의 영국 기업들의 경제적 성과에 대해 분석하였다. 경제적 성과에는 재무성과(자본투자에 대한 수익, 자기자본이익률, 매출비율에 대한 총이익), 자본시장성과(체계적 위험, 초과시장평가)를 포함하였다. 이 연구 결과는 (과거, 현재, 미래)의 경제적 성과가 CSR 수행과 관련이 있다는 결론을 뒷받침하였다.

제3장
연구 문제 및 연구 가설

본 장에서는 이론적 연구에서 살펴본 패션 기업의 사회적 책임 경영성과의 관계를 밝히기 위해 연구 문제와 연구 가설을 설정하고, 연구 모형을 구성하였다.

제1절 연구 문제

본 연구의 실증적 연구 문제는 다음과 같이 크게 세 가지로 구분할 수 있다.

연구 문제 1. 소비자와 기업 전문가 관점에서 패션 기업의 사회적 책임과 경영성과 차원을 밝힌다.

연구 문제 1-1. 패션 기업의 사회적 책임 차원을 밝힌다.

연구 문제 1-2. 패션 기업의 경영성과 차원을 밝힌다.

연구 문제 2. 패션 기업의 사회적 책임 경영성과 구조 모델을 추정한다.

연구 문제 2-1. 패션 기업의 사회적 책임 경영에 따른 기업 이미지와 고객 만족 구조 모델을 추정한다.

연구 문제 2-2. 패션 기업의 사회적 책임 경영에 따른 재무적 성과 구조 모델을 추정한다.

연구 문제 3. 패션 기업 유형별(패션 제조 기업, 패션 유통 기업) 패션 기업의 사회적 책임 경영성과를 비교한다.

제2절 연구 가설 설정

1. 패션 기업의 사회적 책임과 기업 이미지와의 관계

Beckwith(1975)는 기업의 사회적 책임 활동은 후광효과에 의한 이미지 전이를 통해 기업이나 제품에 대한 이미지를 높이고 제품 구매를 촉진시키는 데 도움이 된다고 하였다. Freeman(1992)은 기업의 사회공헌 활동이 기업에 대한 긍정적인 인식을 갖도록 한다고 하였다. Arnot(1994)은 기업의 사회공헌 활동이 기업 이미지를 향상시킨다고 하였다. David et al.(2005)의 연구에서도 기업의 사회적 책임 활동은 기업 이미지에 영향을 미쳤고, 이는 다시 구매의사에 영향을 미쳤다. 박상금(2006)은 기업 이미지를 기업 특성 이미지, 사회봉사 이미지, 제품 관련 이미지로 구분하고, 기업의 사회적 책임의 일부분인 기업의 사회공헌 활동이 기업 이미지, 구매 의도, 고객 관계유지 의도에 긍정적 영향을 미친다고 하였다. 정기한, 허미옥, 신재익(2007)은 기업의 사회적 책임은 기업 이미지에 긍정적 영향을 미치고, 기업 이미지는 고객 신뢰와 고객 몰입에 각각 영향을 미치고, 이를 통해 고객 충성도에 영향을 미친다고 하였다. 따라서 패션 기업의 사회적 책임의 구체적 차원들을 통한 사회적 책임 경영은 기업 이미지에 영향을 미칠 것으로 볼 수 있다. 그러므로 가설 1을 다음과 같이 설정하였다.

가설 1. 패션 기업의 사회적 책임은 기업 이미지에 정적인 영향을 미칠 것이다.

2. 패션 기업의 사회적 책임과 고객 만족과의 관계

Luo and Bhattacharya(2006)은 기업의 사회적 책임 활동이 고객 만족에 긍정적 영향을 준다고 하였으며, 일반화된 고객은 사회적 책임 활동을 하는 기업이 제공하는 제품이나 서비스에 보다 더 만족한다고 하였다. 그리고 기업의 사회적 책임이 고객 만족에 영향을 주고, 이는 기업의 시장 가치에 영향을 준다고 하였다. 양원승(2006)은 기업의 사회적 책임이 소비자들의 경제적 만족, 사회적 만족 그리고 신뢰에 긍정적 영향을 미친다고 하였다. 이를 볼 때 패션 기업의 사회적 책임에 대한 인지도가 높을수록 기업과 기업 제품에 대한 소비자들의 만족도를 높일 수 있을 것으로 볼 수 있다.

가설 2. 패션 기업의 사회적 책임은 패션 기업에 대한 고객 만족에 정적인 영향을 미칠 것이다.

3. 기업 이미지와 고객 만족과의 관계

김이태(2008)는 기업 이미지가 고객 가치, 고객 만족에 긍정적 영향을 미침으로써 고객 충성도를 형성한다고 하였다. 정기한, 허미옥, 신재익(2007)은 기업의 사회적 책임활동이 기업 이미지에 긍정적 영향을 미치고, 기업 이미지는 신뢰, 몰입에 긍정적 영향을 주어 고객 충성도를 형성한다고 하였다. 선행 연구를 볼 때, 패션 기업의 이미지가 관계적 성과인 고객 만족에 정적 영향을 미칠 것으로 볼 수 있다. 그러나 패션 기업의 사회적 책임과 고객 만족 사이에서 기업 이미지의 매개 효과를 알아본 연구는 없다. 따라서 본 연구에서는 기업 이미지를 매개 변인으로 설정하여, 패션 기업의 사회적 책임 경영과 고객 만족과의 사이에서 매개 역할을 하는지 알아보고자, 다음과 같이 가설 3을 설정하였다.

> **가설 3. 패션 기업 이미지는 고객 만족에 정적인 영향을 미칠 것이다.**

4. 패션 기업 유형별 패션 기업의 사회적 책임과 경영성과

패션 기업 유형에 따라 소비자 행동에 차이가 있다. 유현미 외 (2008)는 유통 업체와 제조업체에 대한 신뢰는 유통 업체 브랜드의 지각된 품질에 영향을 미친다고 하였다. 즉 제조업체에 대한 신뢰는 지각된 품질에만 영향을 미쳤으며, 제품에 대한 태도와 구매 의도는 지각된 품질을 매개로 하여 영향을 미치고, 유통 업체에 대한 신뢰는 지각된 품질, 제품 태도, 구매의도에 직접적 영향을 미치는 것으로 나타났다. 유통 업체 중 백화점과 할인점 등의 유형에 대한 소비자의 태도, 행동 차이에 대한 연구들도 있다. 이진화, 허아현 (2008)은 백화점, 할인점, 아울렛에 대해 소비자들이 요구하는 서비스 차원에 차이가 있다고 하였으며, 후속 연구에서는 이들 업체 유형들에 요구되는 서비스 차원에 대한 통합적인 연구가 필요하다고 하였다. 이동대, 배상욱(2000)은 소비자의 소매점포 선택 속성에 대

해 백화점과 할인점을 비교하였으며, 이들 업체 간 차이가 있다고
하였다. 후속 연구에서는 다양한 업체 간 비교를 하는 것이 필요하
다고 하였다. 홍희숙(1999)은 소비자에 따라 의복 구매를 선호하는
업체 유형에 차이가 있다고 하고 이에 따라 소비자 집단을 구분하
였으며, 이들 집단 간 상점 속성에 대한 신념 및 상점 태도 등에
차이가 있다고 하였다. 선행 연구들을 볼 때, 기업 유형에 따라 소
비자들의 선호, 태도 등이 다른 것을 알 수 있다. 그러므로 본 연
구에서는 패션 기업을 패션 제조 기업과 패션 유통 기업으로 구분
하여, 이들 기업 유형에 따른 패션 기업의 사회적 책임 경영성과
차이에 대해 연구하고자 한다.

**가설 4. 패션 기업 유형에 따라 패션 기업의 사회적 책임에 따
른 기업 이미지, 고객 만족에 차이가 있을 것이다.**

5. 패션 기업의 사회적 책임과 재무적 성과와의 관계

기업의 사회적 책임은 기업의 재무적 성과에 긍정적 영향을 미친
다는 것이 여러 선행 연구들에서 연구되었다(Mayer－Sommer, Roshwalb
1996, Balabanis et al. 1998, Waddock, Graves 1997). Balabanis et
al.(1998)은 기업의 사회적 책임과 기업의 경제적 성과 간의 관계를 알
아보았다. 먼저 이 둘 간이 관계를 설명하는 이론들을 검토한 후 이
러한 이론들을 검증하기 위해 CSR 수행 척도들과 고객 집단에 대한
56개의 영국 기업들의 경제적 성과에 대해 분석하였다. 경제적 성과

에는 재무성과(자본투자에 대한 수익, 자기자본이익률, 매출비율에 대한 총이익), 자본시장성과(체계적 위험, 초과시장평가)가 포함된다.

선행 연구들에서 기업의 사회적 책임의 재무적 성과에 대한 영향은 긍정적인 입장도 있고 부정적인 입장도 있다. 그러나 다수의 연구들에서 긍정적으로 나타났다. 그러므로 본 연구에서는 패션 기업의 사회적 책임 경영은 패션 기업의 재무적 성과에 긍정적 영향을 미칠 것으로 보고 다음과 같이 가설 5를 설정하였다.

가설 5. 기업 전문가 관점에서 패션 기업의 사회적 책임은 재무적 성과에 정적인 영향을 미칠 것이다.

6. 패션 기업 유형별 패션 기업의 사회적 책임과 재무적 성과

기업 유형에 따라 기업의 사회적 책임 부문 중 중점을 두어야 하는 부문들이 있다(이동원 2007). 이동원(2007)은 기업 유형을 제조업, 서비스업, 공기업으로 구분하고, 이들 기업 유형에 따른 중점 이행 부문에 대해 정리하였다. 제조업체는 업종 특성상 고객, 직원, 협력 업체, 환경 부문이 특히 강조된다. 서비스업 중 금융업은 윤리경영 방침, 조직 및 시스템, 고객, 임직원, 협력 업체의 중요성이 강조된다. 공기업은 사기업보다 엄격한 윤리경영 기준과 이행이 중요하다.

패션 기업은 크게 패션 제조 기업과 패션 유통 기업으로 구분될 수 있다(김지연 2005). 김지연(2005)은 패션 점포의 관계마케팅에 대한 연구에서, 소비자가 패션 기업과 맺는 관계는 관계 대상에 따라 소비자 – 제조 기업, 소비자 – 유통 기업으로 구분될 수 있다고 하였다. 그리고 소비자는 제조 기업에 대한 충성도와 유통 기업에 대한 충성도를 형성한다고 하였다.

패션 기업의 경우도 기업 유형에 따라 사회적 책임 경영이 재무적 성과에 미치는 영향이 다를 수 있으며, 영향력 있는 사회적 책임 차원이 차이가 있을 수 있다. 그러므로 가설 6을 설정하였다.

가설 6. 패션 기업 유형에 따라 패션 기업의 사회적 책임에 따른 재무적 성과에 차이가 있을 것이다.

제3절 연구 모형

본 연구의 연구 문제를 밝히기 위해 연구 모형을 구성하였다. 구체적으로 가설을 설정하여 관계성을 검증하기 위해 연구 모형을 구성하였다.

먼저 소비자 대상 연구로, 연구 모형 1은, 선행 변수인 독립 변수로는 패션 기업의 사회적 책임 경영을, 매개 변수로는 사회적 성과 중 패션 기업 이미지를, 종속 변수로는 관계적 성과 중 고객 만족으로 구성하였다.

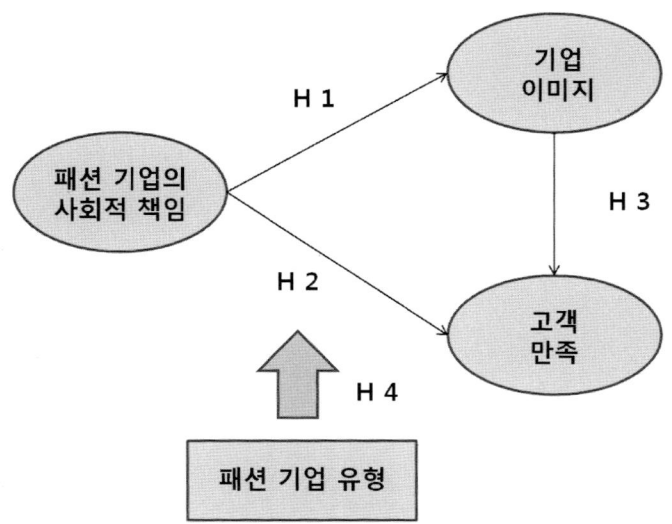

〈그림 6〉 연구 모형 1. 패션 기업의 사회적 책임과 기업 이미지, 고객 만족과의 관계

다음으로 기업 전문가 대상 연구로, 연구 모형 2는, 독립 변수로
는 패션 기업의 사회적 책임 경영을, 종속 변수로는 패션 기업의
재무적 성과를 구성하였다.

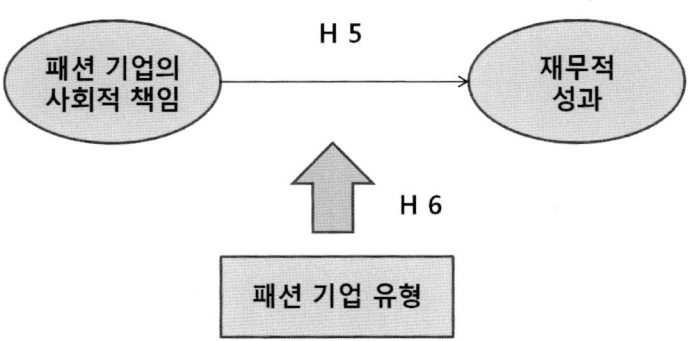

〈그림 7〉 연구 모형 2. 패션 기업의 사회적 책임과 재무적 성과와의 관계

제4장

연구 방법

본 장에서는 실증적 연구를 위한 연구 방법과 측정 도구를 구성
하였으며 연구 대상과 분석 방법을 정리하였다.

제1절 측정 도구

본 연구에서는 실증적 연구를 위해 설문 조사를 하였다. 설문 조
사를 위한 설문지는 두 가지 형식으로 구분하였다. 설문지 Ⅰ은 소
비자들을 대상으로 하는 것으로, 패션 기업의 사회적 책임 경영 인
지 여부, 거래 대상, 패션 기업의 사회적 책임 경영, 사회적 성과인
기업 이미지, 관계적 성과인 고객 만족을 측정하기 위한 문항들과
인구통계적 특성 문항들을 구성하였다. 설문지 Ⅱ는 기업 전문가
(기업평가기관, 금융기관, 투자기관, 언론)를 대상으로 하는 것으로,
패션 기업의 사회적 책임 경영, 기업의 재무적 성과에 대한 문항들
을 구성하였다.

선행 연구들의 문항들을, 본 연구 목적에 적합하고 패션 기업에
대한 문항으로 적합하도록 수정, 보완하여, 측정 도구 문항들을 구
성하였으며, 본 연구에서 개념적으로 필요한 문항들은 연구자가 개
발하였다. 그리고 예비 조사를 통해 응답 대상들이 이해하기 쉽도
록 문항을 수정하였다. 측정 변수들 구성과 측정 문항, 참고한 출
처는 〈표 13〉에 나타내었다.

〈표 13〉 측정 문항 구성과 출처

측정 변수 구분			문항 구성	출 처
패션 기업의 사회적 책임	경제적 책임	경제 활동	패션 기업이 건전하고 안전한 자금운용을 한다.	김해룡 외(2005)
			패션 기업이 장기적 성공을 위한 경제 활동을 한다.	
			패션 기업이 기업의 경제적 성과를 향상시키려고 노력한다.	Salmons et al.(2005)
	법적 책임 – 윤리적 책임	법 준수	패션 기업이 법의 기준 내에서 행동한다.	Ma del Mar Garcia de los Salmones et al(2005) 김해룡 외(2005)
			패션 기업이 공정거래질서와 법규를 성실히 지킨다.	김해룡 외(2005)
			패션 기업이 계약상 의무를 다한다.	
		윤리적 경영	패션 기업이 고객들에게 윤리적으로 행동한다.	Salmons et al.(2005)
			패션 기업이 포괄적인 윤리행동규범을 갖고 있다.	김해룡 외(2005)
			패션 기업이 윤리적 규범을 준수한다.	Salmons et al.(2005)
		환경 보호	패션 기업이 환경을 오염시키지 않고 인체에 해롭지 않은. 환경친화적 패션 제품을 생산한다.	김해룡 외(2005)
			패션 기업이 환경보호 활동을 한다.	
			패션 기업이 환경보호. 환경친화를 위한 기술 개발을 지속적으로 한다.	
		창의적 제품	패션 기업이 창의적 제품을 디자인 / 개발 / 생산 / 판매한다.	연구자
			패션 기업의 제품이 독자적인 패턴. 소재, 디자인 등의 특성을 갖고 있다.	
			패션 기업이 다른 기업 제품을 모방한 제품을 생산 / 판매하지 않는다.	
		이해관계자 관계	패션 기업이 종업원들에게 부당한 대우를 하지 않고. 노동기본권과 공동체 권리를 보호한다.	Sen and Bhattachaya(2001)
			패션 기업이 거래처와의 좋은 관계를 유지한다.	Dahlsrud(2008)
			패션 기업이 패션 제품. 기업 정보를 정확히 제공하고. 허위광고를 하지 않는다.	김해룡 외(2005)
			패션 기업이 소비자 의견을 수용하고 문제를 해결하며. 소비자 보호를 위해 노력한다.	
	자선적 책임	사회적 기부	패션 기업이 이윤의 일부를 자선단체에 기부한다.	
			패션 기업이 적극적으로 사회 기부 활동을 한다.	
			패션 기업이 자선구호활동을 위해 경제적 지원을 한다.	

측정 변수 구분			문항 구성	출　처
패션 기업의 사회적 책임	자선적 책임	지역 사회 참여 / 사회 발전 기여	패션 기업이 지역 공공시설 건립 및 지원 등 지역사회발전에 기여한다.	김해룡 외(2005)
			패션 기업이 장학 사업 등 교육 및 장학 활동을 한다.	
			패션 기업이 문화, 스포츠 분야에 지원을 한다.	
패션 기업의 경영 성과	사회적 성과	기업 이미지	이 기업은 친근감이 느껴진다.	정기한 외(2007)
			전체적으로 이 기업이 마음에 든다.	
			이 기업에 대한 전반적인 이미지는 좋다.	
			이 기업은 깨끗한 이미지를 가졌다.	
			이 기업은 성장가능성이 있는 기업일 것이다.	
	관계적 성과	고객 만족	이 패션 기업에 대해 전반적으로 만족한다.	Oliver(1999) 김지연(2005)
			이 패션 기업의 제품, 서비스에 만족한다.	
			이 패션 기업과의 구매 경험 결과 만족한다.	
	재무적 성과		이 패션 기업은 사회적 책임 경영 이후 최근 5년간 매출액 증가율이 상승하였다.	유성은(2007)
			이 패션 기업은 사회적 책임 경영 이후 총자본증가율이 최근 5년간 상승하였다.	
			이 패션 기업은 사회적 책임 경영 이후 총자본수익률이 최근 5년간 상승하였다.	
거래 대상			귀하가 패션 제품 구매 시 주로 구매하는 패션 기업은 어떤 기업입니까?	김지연(2005)
패션 기업의 사회적 책임 인지 여부			귀하는 패션 기업의 사회적 책임에 대해서 알고 계십니까?	연구자
인구통계적 특성			성별, 연령, 학력, 직업, 수입	

연구 대상 패션 기업들은, 국내 기업으로 매출액이 높은 패션 기업들을 대상으로 선정하였다. 매출액을 기준으로 선정한 이유는, 기업의 사회적 책임과 재무적 성과는 선순환 관계가 있고, 매출액이 높은 기업들에서 기업의 사회적 책임 활동이 비교적 잘 이루어지며(Waddock & Graves 1997), 인지도가 상대적으로 높으므로, 소비자들과 기업 전문가들이 그 기업들의 사회적 책임 경영에 대해

잘 응답할 수 있기 때문이다.

패션 제조 기업은 국내 패션 제조 기업 매출액 순으로 제일모직, LG패션, 영원무역, FnC 코오롱, 신원, 한섬을 선정하였다.

〈표 14〉 패션 제조 기업 매출액

패션 제조 기업	매출액(2007년) (단위: 백만 원)
제일모직	3,112,403
LG패션	738,084
영원무역	495,215
FnC 코오롱	429,904
신원	329,783
한섬	318,595

출처: 한국신용평가정보, 2007년 기준

패션 유통 기업은 국내 백화점과 대형 할인점을 포함하여 각각의 매출액의 순으로 선정하였다. 2007년 조사된 CFI조사(Consumer Fashion Index Research)에 의하면, 현재 국내 패션 제품 소비자들은 패션 제품 구매 시, 백화점, 대리점, 대형 할인점의 순으로 많이 이용한다(SFI '07 / 08 시장전망 보고서, 2007). 그러므로 본 연구에서는 패션 제품 소비자들이 많이 이용하는 백화점과 대형 할인점을 포함하였다. 백화점은 매출액 순으로 롯데, 신세계, 현대 백화점을 선정하였고, 대형 할인점은 이마트, 홈플러스, 롯데마트를 선정하였다.

〈표 15〉 패션 유통 기업 매출액

패션 유통 기업		매출액(2007년) (단위: 백만 원)
백화점	롯데 백화점	5,206,435
	신세계 백화점	845,838
	현대 백화점	790,614
대형 할인점	이마트	7,564,225
	홈플러스	6,100,000
	롯데마트	4,300,000

출처: 2008 유통업체연감

제2절 표본 및 자료 수집

실증적 연구를 위한 자료 수집을 위해 설문 조사를 하였다. 설문 조사는 2008년 10월 15일~2008년 10월 30일의 기간 동안 조사를 하였다. 조사 대상은 크게 1) 소비자, 2) 기업 전문가(기업평가기관 / 금융기관 / 투자기관 / 언론인)로 구분하여 설문 조사를 하였다.

본 연구에서 (1) 소비자 조사는, 전문설문조사기관(온솔커뮤니케이션)과 연구자가 조사를 하였으며, 다양한 인구통계적 특성을 갖는 소비자를 대상으로 하기 위하여, 서울 지역의 10~60대 남녀 소비자 총 718명을 대상으로 설문지를 배부하여 조사를 하였다. 설문 조사는 서울의 백화점(롯데 / 현대 / 신세계 백화점), 할인점(이마트, 홈플러스, 롯데마트)에서 소비자들을 대상으로 실시하였으며, 편의 표집하였다.

설문지의 앞부분에서 패션 기업의 사회적 책임에 대한 인지 여

부를 묻는 문항을 넣어 응답자들의 인지 여부를 알아본 후, '알고
있다'라고 응답한 응답자는 다음 설문 문항들에 응답하도록 하였
고, '모른다'라고 응답한 응답자는 인구통계적 특성만 응답하도록
하였다. 그 결과, 전체 718명의 설문 조사 대상자 중에서 '알고 있
다'라고 응답한 응답자가 509명(70.9%)으로, '모른다'라고 응답한
응답자인 209명(29.1%)보다 더 큰 분포를 나타냈다.

〈표 16〉 패션 기업의 사회적 책임 인지 여부

구 분		빈도수	백분율(%)
패션 기업의 사회적 책임	모른다	209	29.1
	알고 있다	509	70.9
합 계		718	100.0

본 연구에서는 패션 기업의 사회적 책임 경영에 대해 '알고 있
다'라고 응답한 509명의 응답자들의 자료를 사용하여 결과를 분석
하였다.

(2) 기업 전문가 조사는, 기업평가기관 / 금융기관 / 투자기관 / 언론
인을 대상으로 총 90명을 대상으로 하여 조사를 하였다. 기업 전문
가 조사는 기업평가기관 / 금융기관 / 투자기관 / 언론사 등의 기업들
을 인터넷에서 검색하여 연구자가 목록을 작성하였고, 이들 기업의
전문가들을 대상으로 설문조사기관(한국리서치정보회사, 와이즈 리
서치)을 통해 조사하였으며, 조사원들이 개별 방문하여 패션 기업
의 사회적 책임 경영에 대해 알고 있는 전문가들을 대상으로 설문
지를 배부하여 조사를 실시하였다. 전문 설문 기관을 통해 조사를

함으로써 설문 조사의 공신력을 갖추도록 하였다. 기업 전문가 조사 대상 기업은, 금감원 전자공시, 한국상장회사협의회, 중소기업청, 대한상공회의소, 한국신용정보, 한국신용 평가정보, 한국기업평가, 한국기업데이터, 씨티은행, 국민은행, 신한은행, 우리은행, 제일은행, 외환은행, 기업은행, 우리투자증권, 삼성증권, 교보증권, 동양증권, 한화증권, 미래에셋증권, 유진투자증권, 엘르, 보그, 삼성디자인넷, 인터패션플래닝, 조선일보, 한국일보, 국민일보, 동아일보, 세계일보, 서울경제, 한국경제 등을 포함하였다.

제3절 분석 방법

통계 분석은 SPSS 15.0 프로그램을 사용하여 기초 통계 분석, 요인 분석, 신뢰도 분석, t – 테스트 등을 하였고, AMOS 5.0 프로그램을 사용하여 연구 모형의 변인들의 관계를 알아보기 위한 구조 방정식 분석을 하였다. 이를 통해 결과 모형을 도출하고, 연구 문제와 가설들을 검증하고 구체적인 결과를 분석하였다.

구조 방정식 분석은 특정 현상에 영향을 미치는 변수들을 식별하고 어떠한 경로를 거쳐 영향을 미치게 되는가를 분석하는 통계 기법으로, 본 연구에서는 가설 검증을 위한 연구 모형에서 측정 모델과 구조 모델의 유의성을 전체적으로 검증할 수 있으므로, 본 연구에 적합하다.

제5장

결과 및 논의

1. 소비자의 인구통계적 특성

본 연구의 인구통계적 특성 분석 결과는 다음과 같다. 나이별 분포를 보면 전체 718명의 설문 조사 대상자 중에서 20대가 359명(50.0%)으로 가장 높은 분포를 차지한 반면에 60대는 8명(1.1%)으로 가장 낮은 분포를 나타냈다. 성별 분포를 보면 전체 718명의 설문 조사 대상자 중에서 여성이 454명(63.2%)으로 남성 264명(36.8%)보다 더 큰 분포를 나타냈다. 학력별 분포를 보면 전체 718명의 설문 조사 대상자 중에서 대학교 졸업이 330명(46.0%)으로 가장 높은 분포를 나타냈다. 직업별 분포를 보면 다양한 직업 분포를 나타냈다. 월소득별 분포를 보면 전체 718명의 설문 조사 대상자 중에서 200만 원 이상~400만 원 미만이 319명(44.4%)으로 가장 높은 분포를 나타냈다. 패션상품 구매금액별 분포를 보면 전체 718명의 설문 조사 대상자 중에서 25만 원 미만이 403명(56.1%)으로 가장 높은 분포를 나타냈다.

구 분		빈도수	백분율(%)
나 이	10대	60	8.4
	20대	359	50.0
	30대	130	18.1
	40대	95	13.2
	50대	66	9.2
	60대	8	1.1
성 별	남	264	36.8
	여	454	63.2
학 력	고졸 이하	111	15.5
	대학교 재학	223	31.1
	대학교 졸업	330	46.0
	대학원 재학	40	5.6
	대학원 졸업	14	1.9
직 업	경영관리직	41	5.7
	전문직	105	14.6
	사무직	122	17.0
	판매 / 서비스직	22	3.1
	교사	2	0.3
	공무원	7	1.0
	자영업	48	6.7
	전업주부	14	1.9
	학생	305	42.5
	기타	52	7.2
월소득	100만 원 미만	95	13.2
	100만 원 이상~200만 원 미만	89	12.4
	200만 원 이상~400만 원 미만	319	44.4
	400만 원 이상~600만 원 미만	143	19.9
	600만 원 이상~800만 원 미만	26	3.6
	800만 원 이상	46	6.4
월평균 패션 상품 구매 금액	25만 원 미만	403	56.1
	25만 원 이상~50만 원 미만	233	32.5
	50만 원 이상~75만 원 미만	34	4.7
	75만 원 이상~100만 원 미만	2	0.3
	100만 원 이상~150만 원 미만	37	5.2
	150만 원 이상~200만 원 미만	1	0.1
	200만 원 이상	8	1.1
합 계		718	100

<표 18> 소비자의 인구통계적 특성별 패션 기업의 사회적 책임 경영 인지

구 분		패션 기업의 사회적 책임 경영			
		모른다		알고 있다	
나 이	10대	5	2.4%	55	10.8%
	20대	75	35.9%	284	55.8%
	30대	48	23%	82	16.1%
	40대	42	20.1%	53	10.4%
	50대	32	15.3%	34	6.7%
	60대	7	3.3%	1	0.2%
성 별	남	81	38.8%	183	36%
	여	128	61.2%	326	64%
학 력	고졸 이하	48	23%	63	12.4%
	대학교 재학	28	13.4%	195	38.3%
	대학교 졸업	121	57.9%	209	41.1%
	대학원 재학	5	2.4%	35	6.9%
	대학원 졸업	7	3.3%	7	1.4%
직 업	경영관리직	12	5.7%	29	5.7%
	전문직	0	0%	105	20.6%
	사무직	81	38.8%	41	8.1%
	판매/서비스직	1	0.5%	21	4.1%
	교사	0	0%	2	0.4%
	공무원	0	0%	7	1.4%
	자영업	31	14%	17	3.3%
	전업주부	0	0%	14	2.8%
	학생	75	35.9%	230	45.2%
	기타	9	4.3%	43	8.4%
월소득	100만 원 미만	23	11%	72	14.1%
	100만 원 이상~200만 원 미만	23	11%	66	13%
	200만 원 이상~400만 원 미만	110	52.6%	209	41.1%
	400만 원 이상~600만 원 미만	38	18.2%	105	20.6%
	600만 원 이상~800만 원 미만	4	1.9%	22	4.3%
	800만 원 이상	11	5.3%	35	6.9%
월평균 패션 상품 구매 금액	25만 원 미만	127	60.8%	276	54.2%
	25만 원 이상~50만 원 미만	63	30.1%	170	33.4%
	50만 원 이상~75만 원 미만	9	4.3%	25	4.9%
	75만 원 이상~100만 원 미만	0	0%	2	0.4%
	100만 원 이상~150만 원 미만	9	4.3%	28	5.5%
	150만 원 이상~200만 원 미만	0	0%	1	0.2%
	200만 원 이상	1	0.5%	7	1.4%
합 계		209	100%	509	100.%

본 연구에서는 패션 기업의 사회적 책임 경영에 대해 '알고 있다'라고 응답한 509명의 응답자들의 자료를 사용하여 결과를 분석하였다.

패션 기업의 사회적 책임 경영에 대해 '알고 있다'고 응답한 응답자의 인구통계적 특성 분포를 살펴보면, 나이는 20, 30대가 높은 비율을 차지하고, 여성의 비율이 높으며, 대학교 재학 이상의 비율이 높고, 경영관리직, 전문직, 학생의 비율이 높게 나타났다.

'알고 있다'라고 응답한 응답자와 '모른다'라고 응답한 응답자들의 인구통계적 특성 분포는 〈표 18〉과 같다.

2. 기업 전문가의 인구통계적 특성

본 연구의 인구통계적 특성 분석 결과는 다음과 같다. 나이별 분포를 보면 전체 90명의 설문 조사 대상자 중에서 30대, 40대가 높은 분포를 나타냈다. 성별 분포를 보면 전체 90명의 설문 조사 대상자 중에서 남 48명(53.3%), 여 42명(46.7%)으로 구성되었다. 학력별 분포를 보면 전체 90명의 설문 조사 대상자 중에서 대졸이 60명(66.7%)으로 가장 높은 분포를 차지한 반면에 대학원 재학은 10명(11.1%)으로 가장 낮은 분포를 차지하였다. 직업별 분포를 보면 전체 90명의 설문 조사 대상자 중에서 금융/투자기관이 36명 (40.0%)으로 가장 높은 분포를 차지한 반면에 패션정보회사는 15명(16.7%)으로 가장 낮은 분포를 차지하였다. 월소득별 분포를 보면 전체 90명의 설문 조사 대상자 중에서 600만 원 이상~800만 원 미만이 38명(42.2%)으로 가장 높은 분포를 차지한 반면에 200만 원 미만은 2명(2.2%)으로 가장 낮은 분포를 차지하였다. 패션품 구매금액별 분포를 보면 전체 90명의 설문 조사 대상자 중에서 50만 원 이상~75만 원 미만이 27명(30.0%)으로 가장 높은 분포를 차지한 반면에 150만 원 이상~200만 원 미만은 2명(2.2%)으로 가장 낮은 분포를 차지하였다.

〈표 19〉 기업 전문가의 인구통계적 특성 분석 결과

구 분		빈도수	백분율(%)
나 이	20대	16	17.8
	30대	46	51.1
	40대	22	24.4
	50대	6	6.7
성 별	남	48	53.3
	여	42	46.7
학 력	대학교 졸업	60	66.7
	대학원 재학	10	11.1
	대학원 졸업	20	22.2
직 업	기업평가기관	15	16.7
	금융 / 투자기관	36	40.0
	패션정보회사	15	16.7
	언론인	24	26.7
월소득	200만 원 미만	2	2.2
	200만 원 이상~400만 원 미만	6	6.7
	400만 원 이상~600만 원 미만	30	33.3
	600만 원 이상~800만 원 미만	38	42.2
	800만 원 이상	14	15.6
패션 상품 구매 금액	25만 원 미만	12	13.3
	25만 원 이상~50만 원 미만	15	16.7
	50만 원 이상~75만 원 미만	27	30.0
	75만 원 이상~100만 원 미만	22	24.4
	100만 원 이상~150만 원 미만	18	8.9
	150만 원 이상~200만 원 미만	2	2.2
	200만 원 이상	4	4.4
합 계		90	100

패션 기업의 사회적 책임과 경영성과 차원

1. 소비자 관점의 패션 기업의 사회적 책임 차원

1.1. 소비자 관점의 패션 기업의 사회적 책임에 대한 요인
분석과 신뢰도 분석

패션 기업의 사회적 책임에 대한 타당성 측정을 위해 총 21개 문항에 대한 요인분석을 실시하였으며, 요인분석 이전 공통성 검토를 실시하였다. 공통성 검토는 요인분석 실시 이전에 측정 문항이 적절한 문항인지를 파악하는 부분이다. 공통성 값이 0.4 이하이면 적절한 문항이 아님을 알 수 있어 패션 기업의 사회적 책임을 측정하는 데 있어 적절하지 않는 4문항을 삭제하고 요인분석을 실시하였다. 본 연구에서는 주성분 분석과 베리멕스 회전 방법을 사용하였다. 요인분석의 타당성을 검증하기 위하여 KMO(Kaiser‒Meyer‒Oklin) 측도와 Bartlett의 구형성 검증을 실시하였다. 패션 기업의 사회적 책임 요인에 대한 요인분석에 있어서는 KMO값이 .850으로 높은 수준을 보였다. Bartlett의 구형성 검증에서는 근사 카이제곱 값이 충분히 높고 유의확률이 .000으로서 요인분석이 타당함을 나타내었다.

패션 기업의 사회적 책임에 대한 요인분석 결과 총 6개의 요인이 도출되었으며, 6개의 요인은 전체 분산의 59.03%의 설명력을 가지고 있음을 알 수 있다.

각 요인들의 구성 문항들을 근거로, 요인 1은 '자선적 활동', 요인 2는 '법 준수' 요인 3은 '창의적 제품', 요인 4는 '경제 활동', 요인 5는 '환경보호', 요인 6은 '윤리적 경영'으로 명명하였다.

신뢰도 분석 결과, 측정된 요인들의 신뢰도 값은 0.6 이상으로 신뢰도가 있는 것으로 판단할 수 있다. 일반적으로 신뢰도 값인 크론바하 알파 계수가 0.6 이상이면 신뢰성이 있다고 본다(김경훈 1993). 신뢰도 값이 0.6 이하로 나온 요인도 있으나, 선행 연구들을 근거로 측정 도구를 만들어 도출된 요인이고, 요인 분석을 통해 타당도가 입증되었으므로, 본 연구의 분석에 모두 투입하여 유의성을 알아보았다.

〈표 20〉 소비자 관점의 패션 기업의 사회적 책임 요인 분석 결과

요 인	문 항	요인 적재값	고유값	설명 변량	누적 변량	신뢰도
자선적 활동	패션 기업이 이윤의 일부를 자선단체에 기부한다.	0.835	3.691	17.578	17.578	0.861
	패션 기업이 문화, 스포츠 분야에 지원을 한다.	0.814				
	패션 기업이 장학 사업 등 교육 및 장학 활동을 한다.	0.775				
	패션 기업이 자선구호활동을 위해 경제적 지원을 한다.	0.753				
	패션 기업이 적극적으로 사회 기부 활동을 한다.	0.748				
	패션 기업이 지역 공공시설 건립 및 지원 등 지역사회발전에 기여한다.	0.661				
	패션 기업이 소비자 의견을 수용하고 문제를 해결하며, 소비자 보호를 위해 노력한다.	0.224				
법 준수	패션 기업이 공정거래질서와 법규를 성실히 지킨다.	0.784	2.035	9.688	27.266	0.674
	패션 기업이 계약상 의무를 다한다.	0.752				
	패션 기업이 법의 기준 내에서 행동한다.	0.602				

요인	문 항	요인 적재값	고유값	설명 변량	누적 변량	신뢰도
창의적 제품	패션 기업이 다른 기업 제품을 모방한 제품을 생산 / 판매하지 않는다.	0.807	1.950	9.288	36.554	0.707
	패션 기업의 제품이 독자적인 패턴, 소재, 디자인 등의 특성을 갖고 있다.	0.780				
	패션 기업이 창의적 제품을 디자인 / 개발 / 생산 / 판매한다.	0.740				
경제 활동	패션 기업이 장기적 성공을 위한 경제 활동을 한다.	0.794	1.706	8.122	44.676	0.596
	패션 기업이 기업의 경제적 성과를 향상시키려고 노력한다.	0.698				
	패션 기업이 건전하고 안전한 자금운용을 한다.	0.639				
환경 보호	패션 기업이 환경을 오염시키지 않고 인체에 해롭지 않은, 환경친화적 패션 제품을 생산한다.	0.846	1.508	7.183	51.859	0.647
	패션 기업이 환경보호, 환경친화를 위한 기술 개발을 지속적으로 한다.	0.796				
윤리적 경영	패션 기업이 포괄적인 윤리행동규범을 갖고 있다.	0.740	1.506	7.171	59.030	0.478
	패션 기업이 윤리적 규범을 준수한다.	0.674				
	패션 기업이 고객들에게 윤리적으로 행동한다.	0.556				

KMO = 0.806, Battlett 구형성 검증 p = 0.000

1.2. 소비자 관점의 패션 기업의 사회적 책임 평가

소비자 관점의 패션 기업의 사회적 책임 요인으로 도출된 6개 요인의 평균값을 산출하였다. 그 결과를 보면, 주로 거래하는 패션 기업의 사회적 책임에 대해 창의적 제품 요인을 가장 높게 평가하였고, 자선적 활동, 경제 활동, 윤리적 경영, 법 준수, 환경보호의 순으로 평가하는 것으로 나타났다.

<표 21> 소비자 관점의 패션 기업의 사회적 책임 평가

패션 기업의 사회적 책임	평 균	표준편차
자선적 활동	3.56	.62
법 준수	3.36	.58
창의적 제품	3.64	.63
경제 활동	3.52	.55
환경보호	3.22	.65
윤리적 경영	3.40	.55

패션 제조 기업, 패션 유통 기업의 사회적 책임에 대한 소비자들의 평가 차이를 파악하기 위해서 대응표본 t - test 분석을 통해 분석을 하였다. 분석 결과, 법 준수, 창의적 제품, 환경보호 요인에서 통계적으로 유의한 차이가 나타났다. 창의적 제품, 환경보호 요인은 패션 제조 기업의 평균이 패션 유통 기업에 비해 높은 반면, 법 준수 요인의 경우 패션 유통 기업이 패션 제조 기업보다 높게 나타났다. 즉 소비자들은 패션 기업의 사회적 책임 요인들 중 창의적 제품, 환경보호 요인은 패션 제조 기업을 더 긍정적으로 평가한 반면, 법 준수 요인은 패션 유통 기업을 더 긍정적으로 평가한 것으로 나타났다.

<표 22> 패션 기업 유형별 소비자 관점의 사회적 책임 평가 차이

패션 기업의 사회적 책임	패션 제조 기업		패션 유통 기업		t
	평균	표준편차	평균	표준편차	
자선적 활동	3.57	0.85	3.56	0.65	0.396
법 준수	3.25	0.88	3.46	0.65	- 4.610***
창의적 제품	3.73	0.89	3.55	0.81	3.403**
경제 활동	3.50	0.81	3.54	0.65	- 0.913
환경보호	3.29	0.98	3.16	0.84	2.420*
윤리적 경영	3.28	0.82	3.54	0.74	- 5.340***

* p<0.05 ** p<0.01 *** p<0.001

2. 패션 기업의 사회적 성과, 관계적 성과 차원

2.1. 패션 기업의 사회적 성과, 관계적 성과에 대한 요인
   분석과 신뢰도 분석

사회적 성과로서 기업 이미지, 관계적 성과로서 고객 만족의 측정 도구에 대한 공통성 검토를 한 결과, 모든 문항이 0.4 이상으로 나타나 적절함을 알 수 있다. 기업 이미지, 고객 만족의 문항들에 대한 요인 분석을 실시한 결과, 기업 이미지 5문항, 고객 만족 3문항으로 구분되었다. 기업 이미지, 고객 만족 측정 도구에 대한 신뢰도 분석 결과, 신뢰도 값이 0.6 이상으로 신뢰할 수 있음을 알 수 있다.

〈표 23〉 패션 기업의 사회적 성과, 관계적 성과 요인분석 결과

요인	문 항	요인 적재값	고유값	설명 변량	누적 변량	신뢰도
기업 이미지	이 기업은 깨끗한 이미지를 가졌다.	0.896	3.313	41.413	41.413	0.869
	이 기업에 대한 전반적인 이미지는 좋다.	0.853				
	이 기업은 친근함이 느껴진다.	0.802				
	전체적으로 이 기업이 마음에 든다.	0.769				
	이 기업은 성장가능성이 있는 기업일 것이다.	0.737				
고객 만족	이 패션 기업에 대해 전반적으로 만족한다.	0.849	2.168	27.102	68.516	0.786
	이 패션 기업의 제품, 서비스에 만족한다.	0.827				
	이 패션 기업과의 구매 경험 결과 만족한다.	0.821				

3. 기업 전문가 관점의 패션 기업의 사회적 책임 차원

3.1. 패션 기업의 사회적 책임에 대한 요인 분석과 신뢰도 분석

패션 기업의 사회적 책임에 대한 타당성 측정을 위해 요인분석을 실시하였으며, 요인분석 이전 공통성 검토를 실시하였다. 공통성 검토는 요인분석 실시 이전에 측정 문항이 적절한 문항인지를 파악하는 부분이다. 모든 문항의 공통성 값이 0.4 이상으로 나타나 적절함을 알 수 있다. 그러므로 모든 문항에 대한 요인분석을 실시하였다. 주성분 분석과 베리멕스 회전 방법을 사용하였다. 요인분석의 타당성을 검증하기 위하여 KMO(Kaiser - Meyer - Oklin) 측도와 Bartlett의 구형성 검증을 실시하였다. 패션 기업의 사회적 책임 요인에 대한 요인분석에 있어서는 KMO값이 .650으로 높은 수준을 보였다. Bartlett의 구형성 검증에서는 근사 카이제곱값이 충분히 높고 유의확률이 .000으로서 요인분석이 타당함을 나타내었다.

패션 기업의 사회적 책임 측정 도구에 대한 요인 분석 결과, 총 7개의 요인으로 측정 변수로 구성하고 있음을 알 수 있으며, 7개의 요인은 71.02%의 설명력을 가지고 있음을 알 수 있다.

각 요인들의 구성 문항들을 근거로, 요인 1은 '자선적 활동', 요인 2는 '이해관계자 관계' 요인 3은 '경제 활동', 요인 4는 '윤리적 경영', 요인 5는 '법 준수', 요인 6 '환경보호', 요인 7은 '창의적 제품'으로 명명하였다.

신뢰도 분석 결과, 측정된 요인들의 신뢰도 값은 0.6 이상으로 신뢰도가 있는 것으로 판단할 수 있다. 일반적으로 신뢰도 값인 크론

바하 알파 계수가 0.6 이상이면 신뢰성이 있다고 본다(김경훈 1993).
신뢰도 값이 0.6 이하로 나온 요인도 있으나, 선행 연구들을 근거
로 측정 도구를 만들어 도출된 요인이고, 요인 분석을 통해 타당도
가 입증되었으므로, 본 연구의 분석에 모두 투입하여 유의성을 알
아보았다.

〈표 24〉 기업 전문가 관점의 패션 기업의 사회적 책임 요인 분석 결과

요인	문 항	요인 적재값	고유값	백분율	누적 백분율	신뢰도
자선적 활동	패션 기업이 지역 공공시설 건립 및 지원 등 지역사 회발전에 기여한다.	0.800	5.245	20.981	20.981	0.853
	패션 기업이 문화, 스포츠 분야에 지원을 한다.	0.784				
	패션 기업이 장학 사업 등 교육 및 장학 활동을 한다.	0.740				
	패션 기업이 자선구호활동을 위해 경제적 지원을 한다.	0.652				
	패션 기업이 적극적으로 사회 기부 활동을 한다.	0.629				
	패션 기업이 환경보호, 환경친화를 위한 기술개발을 지속적으로 한다.	0.591				
이해 관계자 관계	패션 기업이 다른 기업 제품을 모방한 제품을 생산/ 판매 하지 않는다.	0.753	2.798	11.192	32.173	0.830
	패션 기업이 종업원들에게 부당한 대우를 하지 않고, 노동기본권과 공동체 권리를 보호한다.	0.734				
	패션 기업이 소비자 의견을 수용하고 문제를 해결하 며, 소비자 보호를 위해 노력한다.	0.561				
	패션 기업이 이윤의 일부를 자선단체에 기부한다.	0.490				
	패션 기업이 윤리적 규범을 준수한다.	0.472				
	패션 기업이 거래처와의 좋은 관계를 유지한다.	0.447				
경제 활동	패션 기업이 건전하고 안전한 자금운용을 한다.	0.803	2.155	8.619	40.792	0.391
	패션 기업이 장기적 성공을 위한 경제 활동을 한다.	0.687				
윤리적 경영	패션 기업이 고객들에게 윤리적으로 행동한다.	0.841	2.091	8.363	49.155	0.701
	패션 기업이 포괄적인 윤리행동규범을 갖고 있다.	0.814				
법 준수	패션 기업이 법의 기준 내에서 행동한다.	0.851	1.921	7.684	56.839	0.679
	패션 기업이 공정거래질서와 법규를 성실히 지킨다.	0.609				
	패션 기업이 기업의 경제적 성과를 향상시키려고 노 력한다.	0.565				
	패션 기업이 계약상 의무를 다한다.	0.507				

요인	문 항	요인 적재값	고유값	백분율	누적 백분율	신뢰도
환경 보호	패션 기업의 제품이 독자적인 패턴, 소재, 디자인 등의 특성을 갖고 있다.	0.781	1.892	7.570	64.409	0.758
	패션 기업이 환경보호 활동을 한다.	0.749				
	패션 기업이 환경을 오염시키지 않고 인체에 해롭지 않은, 환경친화적 패션 제품을 생산한다.	0.594				
창의적 제품	패션 기업이 패션 제품, 기업 정보를 정확히 제공하고, 허위광고를 하지 않는다.	0.821	1.653	6.613	71.022	0.568
	패션 기업이 창의적 제품을 디자인 / 개발 / 생산 / 판매한다.	0.633				

KMO＝0.806, Battlett 구형성 검증 p＝0.000

3.2. 기업 전문가 관점의 패션 기업의 사회적 책임 평가

기업 전문가 관점의 패션 기업의 사회적 책임 요인으로 도출된 7 개 요인의 평균값을 산출하였다. 그 결과를 보면, 패션 기업의 사회적 책임에 대해 환경보호 요인을 가장 높게 평가하였고, 법 준수, 경제 활동, 이해관계자 관계, 윤리적 경영, 자선적 활동, 창의적 제품의 순으로 평가하는 것으로 나타났다.

〈표 25〉 기업 전문가 관점의 패션 기업의 사회적 책임 평가

패션 기업의 사회적 책임	평 균	표준편차
자선적 활동	3.07	.47
이해관계자 관계	3.20	.46
경제 활동	3.23	.37
윤리적 경영	3.10	.46
법 준수	3.31	.31
환경보호	3.36	.63
창의적 제품	3.07	.43

패션 제조 기업, 패션 유통 기업의 사회적 책임에 대한 기업 전

문가들의 평가 차이를 파악하기 위해서 대응표본 t-test 분석을 통해 분석을 하였다. 분석 결과, 자선적 활동 요인을 제외한 요인들이 모두 통계적으로 유의한 차이가 나타났으며, 평균을 보면 모두 제조 기업이 높은 것으로 나타났다. 즉 전문가들은 패션 기업의 사회적 책임에 대해서 제조 기업을 유통 기업보다 긍정적으로 평가한 것으로 파악되었다.

〈표 26〉 패션 기업 유형별 기업 전문가 관점의 사회적 책임 평가 차이

패션 기업의 사회적 책임	패션 제조 기업		패션 유통 기업		t
	평 균	표준편차	평 균	표준편차	
자선적 활동	3.10	0.44	3.04	0.56	1.733
이해관계자 관계	3.28	0.37	3.12	0.61	3.380**
경제 활동	3.40	0.41	3.07	0.53	5.387***
윤리적 경영	3.18	0.50	3.01	0.57	2.881**
법 준수	3.38	0.32	3.25	0.44	2.684**
환경보호	3.47	0.60	3.26	0.72	4.652***
창의적 제품	3.19	0.47	2.95	0.52	4.490***

* p<0.05 ** p<0.01 *** p<0.001

4. 패션 기업의 재무적 성과 차원

4.1. 패션 기업의 재무적 성과에 대한 요인 분석과 신뢰도 분석

재무적 성과에 대한 공통성 검토를 한 결과, 모든 문항이 0.4 이상으로 나타나 적절함을 알 수 있다. 재무적 성과 측정도구에 대한 탐색적 요인분석을 하였다. 그 결과, 단일 요인의 3문항으로 구분되었다. 재무적 성과 측정 도구에 대한 신뢰도 분석 결과, 신뢰도

계수가 0.6 이상으로 신뢰할 수 있음을 알 수 있다.

〈표 27〉 패션 기업의 재무적 성과 요인 분석 결과

요인	문 항	요인 적재값	고유값	백분율	누적 백분율	신뢰도
재무적 성과	이 패션 기업은 사회적 책임 경영 이후 매출액 증가율이 최근 5년간 상승하였다.	0.872	2.104	70.135	70.135	0.786
	이 패션 기업은 사회적 책임 경영 이후 총자본 증가율이 최근 5년간 상승하였다.	0.830				
	이 패션 기업은 사회적 책임 경영 이후 총자본 수익률이 최근 5년간 상승하였다.	0.809				

KMO = 0.790, Battlett 구형성 검증 p = 0.000

제3절 패션 기업의 사회적 책임 경영성과 구조 모델

1. 패션 기업의 사회적 책임에 따른 기업 이미지와 고객 만족

1.1. 패션 기업의 사회적 책임에 따른 기업 이미지와 고객 만족의 구조 방정식 분석 결과

패션 기업의 사회적 책임 경영에 따른 기업 이미지와 고객 만족의 구조 방정식 분석 결과 모형이 적합하게 도출되었다(NFI = 0.980 RFI = 0.971 IFI = 0.982 TLI = 0.975 CFI = 0.982 GFI = 0.971 AGFI = 0.921).

본 연구에서 패션 기업의 사회적 책임 측정 모델은, 요인 분석 결과 도출된 요인들로 구성하였다. 이러한 측정 모델을 사용하여 구조 모델을 구성하고, 각 요인들의 유의성을 검증하였다. 이를 통해 기업의 사회적 책임을 단일 차원으로 연구하는 것이 아닌, 여러 차원을 고려한 연구 결과를 도출할 수 있다. 구체적인 결과는 다음과 같다.

가설 1은 "패션 기업의 사회적 책임은 기업 이미지에 정적인 영향을 미칠 것이다."라고 설정하였다. 분석 결과, 유의하게 나타나 가설 1은 채택되었다(Beta = .334, p<.001). 이는 기업의 사회적 책임이 기업 이미지에 정적 영향을 미친다는 선행 연구들(박상금 2006, 정기한 외 2007, Arnot 1994, Beckwith 1975, David et al. 2005, Freeman 1992)의 결과와 일치한다. 패션 기업의 경우, 사회적 책임 경영을 통해 기업 이미지를 향상시킬 수 있음을 알 수 있다. 구조 방정식 분석 결과, 소비자 관점의 패션 기업의 사회적 책임 차원인 자선적 활동, 법 준수, 창의적 제품, 경제 활동, 환경보호, 윤리적 경영이 모두 유의한 영향을 미치는 것으로 나타났다. 그러므로 패션 기업들은 이러한 요인들을 모두 고려하여 사회적 책임 경영을 수행해야 기업 이미지를 효과적으로 향상시킬 수 있을 것이다.

가설 2는 "패션 기업의 사회적 책임은 고객 만족에 정적인 영향을 미칠 것이다."라고 설정하였다. 분석 결과, 유의하게 나타나 가설 2는 채택되었다(Beta = .481, p<.001). 선행 연구들을 보면 Luo and Bhattacharya(2006)은 기업의 사회적 책임 활동이 고객 만족에 긍정적 영향을 준다고 하였으며, 일반화된 고객은 사회적 책임 활동을 하는 기업이 제공하는 제품이나 서비스에 보다 더 만족한다고 하였다. 그리고 기업의 사회적 책임이 고객 만족에 영향을 주고, 이는 기업의 시장 가치에 영향을 준다고 하였다. 양원승(2006)은 기업의 사회적 책임이 소비자들의 경제적 만족, 사회적 만족, 그리고 신뢰에 긍정적 영향을 미친다고 하였다. 본 연구 결과 패션 기업의 사회

적 책임은 고객 만족에 정적으로 유의한 영향을 미치는 것으로 나타났으며, 선행 연구들의 결과와 일치한다. 패션 기업의 경우, 사회적 책임 경영을 통해 고객 만족을 증대시킬 수 있음을 알 수 있다. 구조 방정식 분석 결과, 소비자 관점의 패션 기업의 사회적 책임 차원인 자선적 활동, 법 준수, 창의적 제품, 경제 활동, 환경보호, 윤리적 경영이 모두 유의한 영향을 미치는 것으로 나타났다. 그러므로 패션 기업들은 이러한 요인들을 모두 고려하여 사회적 책임 경영을 수행해야 고객 만족을 효과적으로 증대시킬 수 있을 것이다.

가설 3은 "패션 기업 이미지는 고객 만족에 정적인 영향을 미칠 것이다."라고 설정하였다. 분석 결과 유의하지 않게 나타났다. 그러므로 가설 3은 기각되었다. 패션 기업의 사회적 책임과 고객 만족과의 관계에서 기업 이미지의 매개 효과는 유의하지 않게 나타났다. 기업 이미지의 매개 효과가 유의하지 않게 나타난 이유는, 본 연구에서는 기업 이미지를 기업에 대한 포괄적인 이미지로 측정하여, 사회적 책임에 의한 기업 이미지 외에 다른 요인들에 의한 기업 이미지도 종합적으로 평가됨으로써, 주로 제품이나 직접적인 경험에 의해 형성되는 고객 만족과의 연관성이 약해서 이들 사이에 유의한 영향이 나타나지 않은 것으로 판단된다.

본 연구 결과, 패션 기업의 사회적 책임은 기업 이미지와 고객 만족에 직접적으로 정적인 유의한 영향을 미치는 것을 알 수 있다. 패션 기업의 사회적 책임은 기업 이미지보다 고객 만족에 더 큰 정적 영향을 미치는 것으로 나타났다. 패션 기업이 사회적 책임 경영을 통한 기업 이미지를 향상시키나, 이러한 기업 이미지를 통한 고객 만족보다는 직접적으로 고객 만족을 증대시키는 효과가 더 크다는 것을 알 수 있다. 그러므로 패션 기업은 사회적 책임 경영을 수행함으로써 기업 이미지와 고객 만족을 직접적으로 증대시키도록 노력해야 한다.

〈표 28〉 패션 기업의 사회적 책임에 따른 기업 이미지, 고객 만족의 구조 방정식 분석 결과

경 로			표준화 경로계수	표준오차	t	p
패션 기업의 사회적 책임	→	기업 이미지	0.334	0.063	6.052	0.000
기업 이미지	→	고객 만족	−0.072	0.046	−1.424	0.154
패션 기업의 사회적 책임	→	고객 만족	0.481	0.066	7.467	0.000
적합도	• X^2=578.258 df=74 p=0.000					
	• NFI=0.980 RFI=0.971 IFI=0.982 TLI=0.975 CFI=0.982 GFI=0.971 AGFI=0.921					
	• RMSEA=0.116 RMR=0.070 AIC=668.258 BCC=670.996					

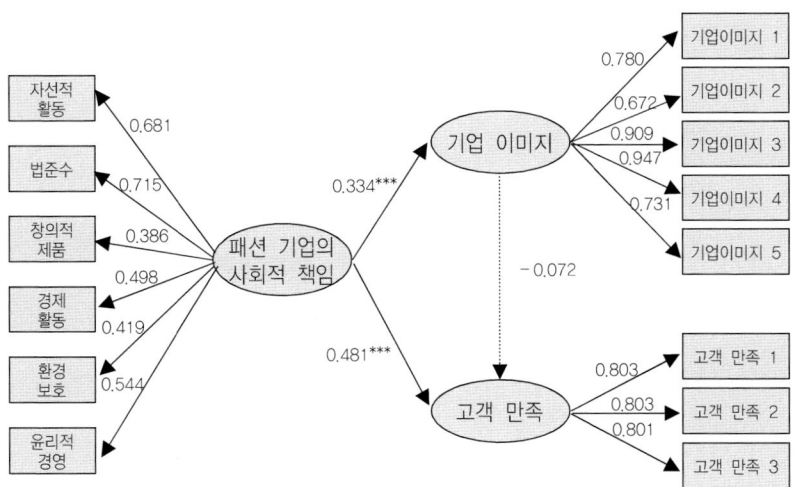

NFI=0.980 RFI=0.971 IFI=0.982 TLI=0.975 CFI=0.982 GFI=0.971 AGFI=0.921
*P〈0.05** P〈0.01*** P〈0.001

〈그림 8〉 패션 기업의 사회적 책임에 따른 기업 이미지, 고객 만족의 구조 방정식 분석 결과

구조 방정식 결과를 통해 패션 기업의 사회적 책임이 고객 만족에 미치는 영향을 직접, 간접, 총 효과로 구분하여 살펴보았다. 그 결과 직접 효과는 정적으로 유의했으나, 간접 효과는 유의하지 않게 나타났다. 패션 기업의 사회적 책임이 고객 만족에 미치는 간접 효과는 -0.024로 미미한 수준으로 파악되었으며, 통계적으로도 유의하지 않은 것으로 나타났다. 이는 패션 기업의 사회적 책임이 고객 만족에 미치는 영향은 직접 영향이 많고, 기업 이미지를 매개로 한 간접적인 영향은 적은 것으로 해석할 수 있다.

〈표 29〉 패션 기업의 사회적 책임이 고객 만족에 미치는 영향

직접 효과			간접 효과	총 효과
패션 기업의 사회적 책임 → 기업 이미지 ①	기업 이미지 → 고객 만족 ②	패션 기업의 사회적 책임 → 고객 만족 ③	④(①*②)	⑤(③ + ④)
.334***	-.072	.481***	-.024	.457***

1.2. 패션 제조 기업의 사회적 책임에 따른 기업 이미지, 고객 만족의 구조 방정식 분석 결과

패션 제조 기업의 사회적 책임 경영성과의 구조 방정식 분석 결과 주요 모형지표인 NFI = 0.970 RFI = 0.958 IFI = 0.973 TLI = 0.962 CFI = 0.973 GFI = 0.964 AGFI = 0.920으로 나타나 모형이 적합하게 도출되었다고 판단되며 구체적인 결과는 다음과 같다.

가설 1은 "패션 기업의 사회적 책임은 기업 이미지에 정적인 영향을 미칠 것이다."라고 설정하였다. 분석 결과 유의하게 나타나 가설 1은 채택되었다(Beta = .182, p<.01). 이는 기업의 사회적 책임

이 기업 이미지에 정적 영향을 미친다는 선행 연구들(박상금 2006, 정기한 외 2007, Arnot 1994, Beckwith 1975, David et al. 2005, Freeman 1992)의 결과와 일치한다. 패션 제조 기업의 경우, 사회적 책임 경영을 통해 기업 이미지를 향상시킬 수 있음을 알 수 있다. 구조 방정식 분석 결과, 소비자 관점의 패션 기업의 사회적 책임 차원인 자선적 활동, 법 준수, 창의적 제품, 경제 활동, 환경보호, 윤리적 경영이 모두 유의한 영향을 미치는 것으로 나타났다. 그러므로 패션 기업들은 이러한 요인들을 모두 고려하여 사회적 책임 경영을 수행해야 기업 이미지를 효과적으로 향상시킬 수 있을 것이다.

가설 2는 "패션 기업의 사회적 책임은 고객 만족에 정적인 영향을 미칠 것이다."라고 설정하였다 분석 결과 유의하게 나타나 가설 2는 채택되었다(Beta = .441, p<.001). 본 가설과 관련한 선행 연구들을 살펴보면, Luo and Bhattacharya(2006)의 연구에서는 기업의 사회적 책임 활동이 고객 만족에 긍정적 영향을 준다고 검증하였으며, 일반화된 고객은 사회적 책임 활동을 하는 기업이 제공하는 제품이나 서비스에 보다 더 만족한다고 하였다. 그리고 양원승(2006)은 기업의 사회적 책임이 소비자들의 경제적 만족, 사회적 만족 그리고 신뢰에 긍정적 영향을 미친다고 하였다. 본 연구 결과 패션 기업의 사회적 책임은 고객 만족에 정적으로 유의한 영향을 미치는 것으로 나타났으며, 이러한 본 연구의 결과는 선행 연구들의 타 업종의 연구 결과와 일치함을 알 수 있다. 패션 기업의 경우, 사회적 책임 경영을 통해 고객 만족을 증대시킬 수 있음을 알 수 있으며, 소비자 관점의 패션 기업의 사회적 책임 차원인 자선적 활동, 법 준수, 창의적 제품, 경제 활동, 환경보호, 윤리적 경영이 모두

유의한 영향을 미치는 것으로 결과를 도출하여 기업 경영의 지속성에 많은 영향을 미칠 수 있음을 알 수 있다. 그러므로 패션 기업들은 이러한 요인들을 모두 고려하여 사회적 책임 경영을 수행해야 고객 만족을 효과적으로 증대시킬 수 있을 것이다. 패션 제조 기업은 사회적 책임 경영을 통해 고객 만족을 직접적으로 증대시킬 수 있을 것이다. 이는 매개 변인이 있을 때보다 더 효과적이다.

가설 3은 "패션 기업 이미지는 고객 만족에 정적인 영향을 미칠 것이다."라고 설정하였다. 분석 결과 부적으로 유의하게 나타났다 (Beta = - .219, p<.001). 그러므로 가설 3은 기각되었다. 기업 이미지의 매개 효과로 기업에 대한 전반적인 이미지는 패션 기업의 사회적 책임 경영과 고객 만족 사이에서 사회적 책임의 영향을 감소시킬 수 있다는 것을 알 수 있다. 부적으로 나타난 이유는, 본 연구에서는 기업 이미지를 기업에 대한 포괄적인 이미지로 측정하여, 사회적 책임에 의한 기업 이미지 외에 다른 요인들에 의한 기업 이미지도 종합적으로 평가됨으로써, 고객 만족에 부적인 영향으로 나타난 것으로 보인다. 기업 이미지를 형성하는 데에는 여러 요인이 작용하므로, 패션 기업은 이러한 요인들도 고려하여야 할 것이다. Keller(1997)는 기업 이미지의 구성 차원을 네 가지의 차원, 즉 공통적인 제품 속성, 편익 또는 태도(품질, 혁신성), 사람과의 관계(고객 지향), 가치와 프로그램(환경에의 관심, 사회적 책임), 기업의 신뢰성(전문성, 신뢰성, 호감성)으로 구분하였다. Winters(1986)는 기업 이미지를 형성하는 구성 요인을 기업 행동 요인(공정한 가격, 좋은 품질 제품), 사회적 행동 요인(환경보호, 소비자 권익 보호, 적정 세금 납부), 공헌 요인(사회적 기부)으로 구분했다. 조용석(2000)은

기업 이미지를 기업 경쟁력 요인, 기업 신뢰감 요인, 기업 / 제품 우수성 요인, 사회공헌 요인, 기업 대표 이미지 요인으로 구분하였다. 기업의 전반적인 이미지는 기업의 사회적 책임에 의한 부분 외에 다른 여러 요인들에 의해 형성되므로, 다른 요인들에 의해 형성된 기업 이미지는 고객 만족과는 다른 방향으로 형성될 수 있는 것이다.

패션 제조 기업의 경우, 사회적 책임 경영이 기업 이미지에 영향을 적게 주어 기업 이미지가 소비자들의 기대에 비해 낮으나, 제품 / 서비스 등의 성과와 소비 경험에 대한 고객 만족에는 영향을 상대적으로 많이 주어, 기업 이미지에 비해 증가하는 경향을 나타낸 것으로 볼 수 있다. 현재 패션 제조 기업은 사회적 책임 경영에 의한 기업 이미지 형성의 영향력이 부족함을 알 수 있다. 그러므로 패션 제조 기업은 기업 이미지를 향상시키기 위한 다른 요인들을 고려하고, 사회적 책임 경영을 통해 제품 / 서비스 품질을 향상시킴으로써 기업에 대한 고객 만족을 더 증대시키고, 성과를 증대시킬 수 있을 것이다.

〈표 30〉 패션 제조 기업의 사회적 책임에 따른 기업 이미지, 고객 만족의 구조 방정식 분석 결과

경 로			표준화 경로계수	표준오차	t	p
패션 제조 기업의 사회적 책임	→	기업 이미지	0.182	0.079	2.909	0.004
기업 이미지	→	고객 만족	-0.219	0.048	-4.043	0.000
패션 제조 기업의 사회적 책임	→	고객 만족	0.441	0.089	5.526	0.000
적합도	• X^2=681.730 df=74 p=0.000 • NFI=0.970 RFI=0.958 IFI=0.973 TLI=0.962 CFI=0.973 GFI=0.964 AGFI=0.920 • RMSEA=0.127 RMR=0.062 AIC=771.730 BCC=774.469					

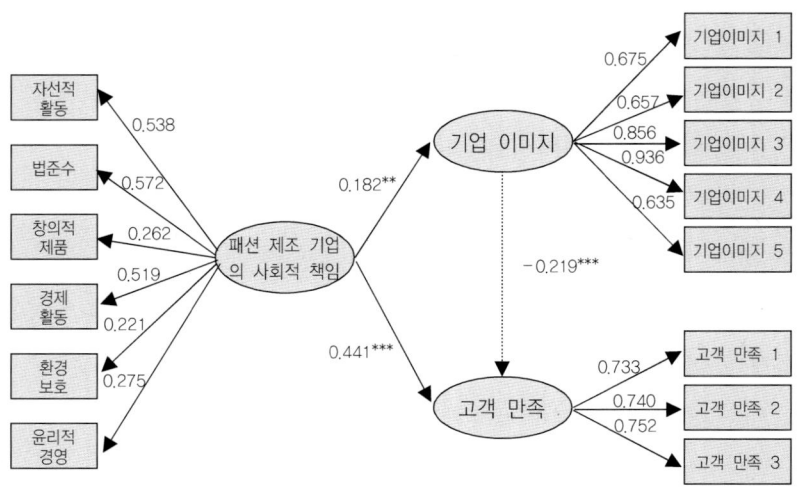

NFI=0.970 RFI=0.958 IFI=0.973 TLI=0.962 CFI=0.973 GFI=0.964 AGFI=0.920
*P<0.05** P<0.01*** P<0.001

〈그림 9〉 패션 제조 기업의 사회적 책임에 따른 기업 이미지, 고객 만족의 구조 방정식 분석 결과

구조 방정식 결과를 통해 패션 제조 기업의 사회적 책임이 고객 만족에 미치는 영향을 직접, 간접, 총 효과로 구분하여 살펴보았다. 그 결과 직접 효과는 정적으로 유의했으나, 간접 효과는 유의하지 않게 나타났다. 패션 제조 기업의 사회적 책임이 고객 만족에 미치는 간접 효과는 −0.040로 미미한 수준으로 파악되었으며, 통계적으로도 유의하지 않은 것으로 나타났다. 이는 패션 제조 기업의 사회적 책임이 고객 만족에 미치는 영향은 직접 영향이 많고, 기업 이미지를 매개로 한 간접적인 영향은 적은 것으로 해석할 수 있다.

직접 효과			간접 효과	총 효과
패션 제조 기업의 사회적 책임 → 기업 이미지 ①	기업 이미지 → 고객 만족 ②	패션 제조 기업의 사회적 책임 → 고객 만족 ③	④(①*②)	⑤(③＋④)
.182**	−.219***	.441***	−.040	.401***

1.3. 패션 유통 기업의 사회적 책임에 따른 기업 이미지, 고객 만족의 구조 방정식 분석 결과

패션 유통 기업의 사회적 책임 경영성과의 구조 방정식 분석 결과 모형이 적합하게 도출되었다(NFI = 0.981 RFI = 0.973 IFI = 0.984 TLI = 0.977 CFI = 0.984 GFI = 0.969 AGFI = 0.924). 구체적인 결과는 다음과 같다.

가설 1은 "패션 기업의 사회적 책임은 기업 이미지에 정적인 영향을 미칠 것이다."라고 설정하였다. 분석 결과 유의하게 나타나 가설 1은 채택되었다(Beta = .267, p<.001). 이는 기업의 사회적 책임이 기업 이미지에 정적 영향을 미친다는 선행 연구들(박상금 2006, 정기한 외 2007, Arnot 1994, Beckwith 1975, David et al. 2005, Freeman 1992)의 결과와 일치한다. 패션 유통 기업의 경우, 사회적 책임 경영을 통해 기업 이미지를 향상시킬 수 있음을 알 수 있다. 구조 방정식 분석 결과, 소비자 관점의 패션 기업의 사회적 책임 차원인 자선적 활동, 법 준수, 창의적 제품, 경제 활동, 환경보호, 윤리적 경영이 모두 유의한 영향을 미치는 것으로 나타났다. 그러므로 패션 기업들은 이러한 요인들을 모두 고려하여 사회적 책임 경영

을 수행해야 기업 이미지를 효과적으로 향상시킬 수 있을 것이다.

가설 2는 "패션 기업의 사회적 책임은 고객 만족에 정적인 영향을 미칠 것이다."라고 설정하였다. 분석 결과 유의하게 나타나 가설 2는 채택되었다(Beta = .225, p<.001). 선행 연구들을 보면 Luo and Bhattacharya(2006)은 기업의 사회적 책임 활동이 고객 만족에 긍정적 영향을 준다고 하였으며, 일반화된 고객은 사회적 책임 활동을 하는 기업이 제공하는 제품이나 서비스에 보다 더 만족한다고 하였다. 그리고 기업의 사회적 책임이 고객 만족에 영향을 주고, 이는 기업의 시장 가치에 영향을 준다고 하였다. 양원승(2006)은 기업의 사회적 책임이 소비자들의 경제적 만족, 사회적 만족 그리고 신뢰에 긍정적 영향을 미친다고 하였다. 본 연구 결과 패션 기업의 사회적 책임 경영은 고객 만족에 정적으로 유의한 영향을 미치는 것으로 나타났으며, 선행 연구들의 결과와 일치한다. 패션 기업의 경우, 사회적 책임 경영을 통해 고객 만족을 증대시킬 수 있음을 알 수 있다. 구조 방정식 분석 결과, 소비자 관점의 패션 기업의 사회적 책임 차원인 자선적 활동, 법 준수, 창의적 제품, 경제 활동, 환경보호, 윤리적 경영이 모두 유의한 영향을 미치는 것으로 나타났다. 그러므로 패션 기업들은 이러한 요인들을 모두 고려하여 사회적 책임 경영을 수행해야 고객 만족을 효과적으로 증대시킬 수 있을 것이다.

가설 3은 "패션 기업 이미지는 고객 만족에 정적인 영향을 미칠 것이다."라고 설정하였다. 분석 결과 부적으로 유의하게 나타났다(Beta = −.177, p<.01). 그러므로 가설 3은 기각되었다. 기업 이미지의 매개 효과로, 기업에 대한 전반적인 이미지는 패션 기업의 사

회적 책임 경영과 고객 만족 사이에서 그 영향을 감소시킬 수 있다는 것을 알 수 있다. 이를 볼 때 패션 유통 기업의 경우는 패션 기업의 사회적 책임이 기업 이미지를 향상시키는 데 정적인 영향을 미치나, 소비자들이 기업 이미지를 형성하는 다른 요인들의 영향도 받아 기업의 전반적인 이미지를 평가하였으므로, 기업 이미지를 매개 변인으로 했을 때 고객 만족에 미치는 영향은 부적으로 나온 것으로 볼 수 있다. 패션 유통 기업은 패션 점포에 포함된다고 볼 수 있다. 김민경(2005)은 패션 점포 이미지 구성 차원을 구체적으로 구분하여, 상품 품질, 상품 구색, 상품 디자인, 가격, 편의성, 서비스, 물적 시설, 촉진, 고객, 분위기, 신뢰성, 명성 / 평판, 거래 후 만족 차원으로 구분하였다. 이러한 여러 차원들에 대한 소비자들의 종합적인 평가에 의해 패션 점포 이미지를 형성하는 것이다. 기업의 전반적인 이미지는 기업의 사회적 책임에 의한 부분 외에 다른 여러 요인들에 의해 형성되므로, 다른 요인들에 의해 형성된 기업 이미지는 제품 / 서비스, 소비 경험 등에 대한 고객 만족과는 다른 방향으로 형성될 수 있는 것이다. 대체적으로 소비자 만족은 제품 / 서비스의 성과, 소비 경험이 기대보다 같거나 높으면 만족감은 높아지고, 기대보다 낮으면 만족감은 줄어든다는 기대 – 불일치 이론에 근거를 두고 있다(Tse & Wilton 1988). 이춘선(2006)은 고객과 유리된 기업 이미지의 영향보다는 고객의 기대에 맞는 제품 품질 등의 영향이 고객 만족에 더 큰 영향을 준다고 하였다.

본 연구에서는 패션 유통 기업의 사회적 책임이 고객 만족보다 기업 이미지에 더 큰 정적 영향을 미치는 것으로 나타났다. 그러나 기업 이미지의 매개 효과는 부적으로 나타났는데, 패션 유통 기업의 사회적 책임 경영은 기업 이미지에 상대적으로 큰 영향을 주어 기업 이미지가 소비자들의 기대에 비해 좋으나, 제품 / 서비스 등의 성과와 소비 경험에 대한 만족에는 영향을 적게 주어, 만족도는 기업 이미지에 비해 감소하는 경향을 나타낸 것으로 볼 수 있다. 현재 패션 유통 기업은 사회적 책임을 통한 제품 / 서비스 품질, 소비 경험에 대한 고객 만족이 낮은 상황임을 알 수 있다. 그러므로 패션 유통 기업은 기업 이미지를 형성하는 여러 요인들을 고려하여 기업 이미지를 향상시키려고 노력하고, 또한 사회적 책임 경영을 통해 고객의 기대에 부응하는 제품과 서비스, 소비 경험 등을 제공해야 성과를 증대시킬 수 있을 것이다.

〈표 32〉 패션 유통 기업의 사회적 책임에 따른 기업 이미지, 고객 만족의 구조 방정식 분석 결과

경로			표준화 경로계수	표준오차	t	p
패션 유통 기업의 사회적 책임	→	기업 이미지	0.267	0.109	4.967	0.000
기업 이미지	→	고객 만족	−0.177	0.045	−3.445	0.001
패션 유통 기업의 사회적 책임	→	고객 만족	0.225	0.103	3.907	0.000
적합도	• X^2=482.457 df=74 p=0.000 • NFI=0.981 RFI=0.973 IFI=0.984 TLI=0.977 CFI=0.984 GFI=0.969 AGFI=0.924 • RMSEA=0.104 RMR=0.059 AIC=572.457 BCC=575.195						

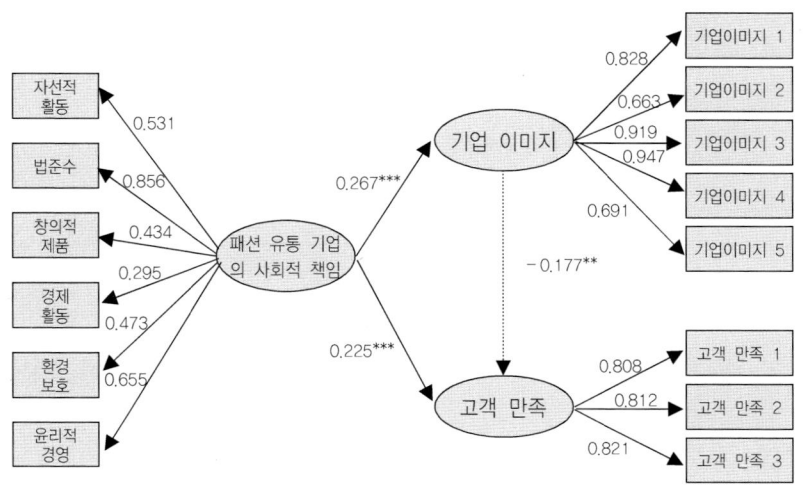

NFI=0.981 RFI=0.973 IFI=0.984 TLI=0.977 CFI=0.984 GFI=0.969 AGFI=0.924
*P<0.05** P<0.01*** P<0.001

〈그림 10〉패션 유통 기업의 사회적 책임에 따른 기업 이미지, 고객 만족의 구조 방정식 분석 결과

구조 방정식 결과를 통해 패션 유통 기업의 사회적 책임이 고객
만족에 미치는 영향을 직접, 간접, 총 효과로 구분하여 살펴보았다.
그 결과 직접 효과는 정적으로 유의했으나, 간접 효과는 유의하지
않게 나타났다. 패션 유통 기업의 사회적 책임이 고객 만족에 미치
는 간접 효과는 −0.047로 미미한 수준으로 파악되었으며, 통계적
으로도 유의하지 않은 것으로 나타났다. 이는 패션 유통 기업의 사
회적 책임이 고객 만족에 미치는 영향은 직접 영향이 많고, 기업
이미지를 매개로 한 간접적인 영향은 적은 것으로 해석할 수 있다.

〈표 33〉 패션 유통 기업의 사회적 책임이 고객 만족에 미치는 영향

직접 효과			간접 효과	총 효과
패션 유통 기업의 사회적 책임 → 기업 이미지 ①	기업 이미지 → 고객 만족 ②	패션 유통 기업의 사회적 책임 → 고객 만족 ③	④(①*②)	⑤(③+④)
.267***	-.177**	.225***	-.047	.178***

2. 패션 기업 유형별 패션 기업의 사회적 책임에 따른 기업 이미지, 고객 만족 비교

패션 제조 기업과 패션 유통 기업의 사회적 책임에 따른 기업 이미지, 고객 만족을 알아본 결과, 영향력의 크기와 영향력 있는 패션 기업의 사회적 책임 차원에서 차이가 있는 것으로 나타났다. 패션 제조 기업의 경우, 사회적 책임이 기업 이미지에 영향을 적게 주어 기업 이미지가 소비자들의 기대에 비해 낮으나, 제품/서비스 등의 성과와 소비 경험에 대한 고객 만족에는 영향을 상대적으로 많이 주어, 기업 이미지에 비해 증가하는 경향을 나타낸 것으로 볼 수 있다. 패션 유통 기업의 사회적 책임은 고객 만족보다 기업 이미지에 더 큰 정적 영향을 미치는 것으로 나타났다. 그러므로 가설 4는 채택되었다. 각 패션 기업 유형에 따른 사회적 책임 경영을 통해 기업 이미지 향상, 고객 만족 증대 등 경영성과를 향상시킬 수 있을 것이다.

3. 패션 기업의 사회적 책임에 따른 재무적 성과

3.1. 패션 기업의 사회적 책임에 따른 재무적 성과 구조 방정식 분석 결과

본 연구에서 이론적, 실증적으로 도출된 패션 기업의 사회적 책임 차원들의 전체적인 영향을 알아보기 위하여, 기업 전문가의 관점에서 도출된 7개 요인들을 모두 투입하여 구조 방정식 분석을 하였다. 그 결과 패션 제조 기업의 구조 모형에서 패션 기업의 사회적 책임 구성 요인 중 경제활동, 법 준수 요인은 통계적으로 유의하지 않게 나타났다. 기업 전문가 관점에서 이들 요인들은 다른 요인들에 비해 CSR로서 재무적 성과에 미치는 영향이 유의하지 않게 인식됨을 알 수 있다. 다른 요인들은 통계적으로 유의하게 나타났다. 따라서 유의하지 않은 요인들을 제외하고 다시 구조 방정식 분석을 하였다. 패션 기업의 사회적 책임 경영성과의 구조 방정식 분석 결과 모형이 적합하게 도출되었다(NFI = 0.920 RFI = 0.882 IFI = 0.976 TLI = 0.963 CFI = 0.975 GFI = 0.932 AGFI = 0.871). 구체적인 결과는 다음과 같다.

가설 5는 "패션 기업의 사회적 책임은 재무적 성과에 정적인 영향을 미칠 것이다."라고 설정하였다. 분석 결과 유의하게 나타나 가설 5는 채택되었다(Beta = .804, p<.001). 기업 전문가들은 패션 기업의 사회적 책임 경영을 수행함으로써 재무적 성과를 향상시킨다고 인식, 평가하는 것을 알 수 있다. 이는 기업의 사회적 책임이 재무적 성과를 향상시킨다는 선행 연구들(Mayer – Sommer, Roshwalb

1996, Schwepker & Ingram 1996, Waddock)과 일치한다.

본 연구에서 조사한 기업 전문가들은 기업평가기관, 금융기관, 투자기관, 언론인을 포함하므로, 기업평가기관에서의 이러한 평가는 사회와 고객들 중 이해관계자들이 사회적 책임 경영을 하는 패션 기업에 대해 긍정적인 인식을 갖도록 하고, 기업의 신용도를 높이며, 금융기관과 투자기관들의 이러한 평가는 사회적 책임 경영을 하는 패션 기업에 대한 투자를 증가시킬 수 있으며, 언론인의 이러한 평가는 사회적 책임 경영을 하는 패션 기업에 대한 기사나 홍보를 통해 사회와 소비자 등 이해관계자들의 인식을 더 긍정적으로 형성할 수 있도록 하는 효과가 있다. 그러므로 패션 기업은 기업 전문가들의 평가를 고려하는 것이 중요하며, 이를 고려한 사회적 책임 경영을 통해 재무적 성과를 증대시킬 수 있을 것이다.

〈표 34〉 패션 기업의 사회적 책임에 따른 재무적 성과 구조 방정식 분석 결과

경　로			표준화 경로계수	표준오차	t	p
패션 기업의 사회적 책임	→	재무적 성과	0.804	0.104	6.843	0.000
적합도	• $X^2 = 26.668$ df = 19 p = 0.113					
	• NFI = 0.920 RFI = 0.882 IFI = 0.976 TLI = 0.963 CFI = 0.975 GFI = 0.932 AGFI = 0.871					
	• RMSEA = 0.067 RMR = 0.013 AIC = 60.668 BCC = 64.493					

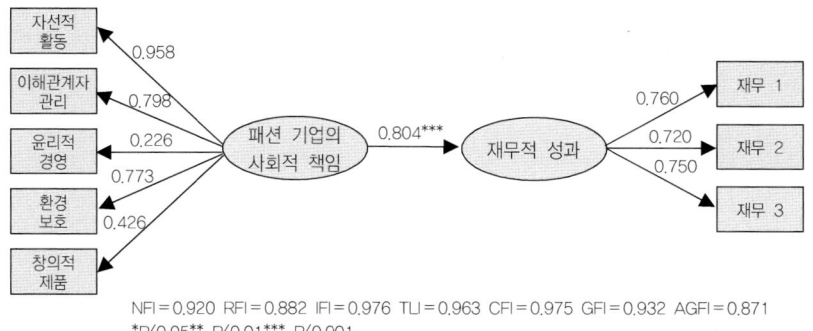

NFI=0.920 RFI=0.882 IFI=0.976 TLI=0.963 CFI=0.975 GFI=0.932 AGFI=0.871
*P〈0.05** P〈0.01*** P〈0.001

〈그림 11〉 패션 기업의 사회적 책임에 따른 재무적 성과 구조 방정식 분석 결과

3.2. 패션 제조 기업의 사회적 책임에 따른 재무적 성과 구조 방정식 분석 결과

본 연구에서 이론적, 실증적으로 도출된 패션 기업의 사회적 책임 차원들의 전체적인 영향을 알아보기 위하여, 기업 전문가의 관점에서 도출된 7개 요인들을 모두 투입하여 구조 방정식 분석을 하였다. 그 결과 패션 제조 기업의 구조 모형에서 패션 기업의 사회적 책임 구성 요인 중 경제활동, 윤리적 경영, 법 준수, 창의적 제품 요인은 통계적으로 유의하지 않게 나타났다. 기업 전문가 관점에서 이들 요인들은 다른 요인들에 비해 CSR로서 재무적 성과에 미치는 영향이 유의하지 않게 인식됨을 알 수 있다. 다른 요인들은 통계적으로 유의하게 나타났다. 따라서 유의하지 않은 요인들을 제외하고 다시 구조 방정식 분석을 하였다. 패션 제조 기업의 사회적 책임 경영성과의 구조 방정식 분석 결과 모형이 적합하게 도출되었다(NFI=0.990 RFI=0.973 IFI=0.993 TLI=0.983 CFI=0.993 GFI=0.983 AGFI=0.977). 구체적인 결과는 다음과 같다.

가설 5는 "패션 기업의 사회적 책임은 재무적 성과에 정적인 영향을 미칠 것이다."라고 설정하였다. 분석 결과 유의하게 나타나 가설 5는 채택되었다(Beta = .636, p < .001). 기업 전문가들은 패션 기업의 사회적 책임 경영을 수행함으로써 재무적 성과를 향상시킨다고 인식, 평가하는 것을 알 수 있다. 기업 전문가들의 재무적 성과에 대한 평가와, 연구 대상 패션 기업들의 실제 재무 성과 자료를 비교했을 때, 실제 자료 수치가 증가한 경우 기업 전문가들도 증가한 것으로 평가하여 타당성이 있다. 또한 이 결과는 기업의 사회적 책임이 재무적 성과를 향상시킨다는 선행 연구들(Mayer – Sommer & Roshwalb 1996, Schwepker & Ingram 1996, Waddock & Graves 1997)과 일치한다.

그러므로 패션 제조 기업은 유의한 사회적 책임 차원인 자선적 활동, 이해관계자 관계, 환경보호 요인들에 관련된 활동들을 중점적으로 할 필요가 있으며, 이러한 영향력을 고려한 사회적 책임 경영을 수행함으로써 재무적 성과를 효율적이고 효과적으로 증대시킬 수 있을 것이다. 그리고 이러한 사회적 책임 경영을 통해 기업 평가기관, 금융기관, 투자기관, 언론 등에 긍정적으로 평가됨으로써 기업에 대한 인식을 긍정적으로 형성할 수 있고, 사회책임투자를 증대시킬 수 있는 등의 효과를 얻을 수 있을 것이다.

<표 35> 패션 제조 기업의 사회적 책임에 따른 재무적 성과 구조 방정식 분석 결과

경 로			표준화 경로계수	표준오차	t	p
패션 제조 기업의 사회적 책임	→	재무적 성과	0.636	0.159	3.770	0.000
적합도	• $X^2 = 22.093$ df=8 p=0.005					
	• NFI=0.990 RFI=0.973 IFI=0.993 TLI=0.983 CFI=0.993 GFI=0.983 AGFI=0.977					
	• RMSEA=0.141 RMR=0.018 AIC=60.093 BCC=63.337					

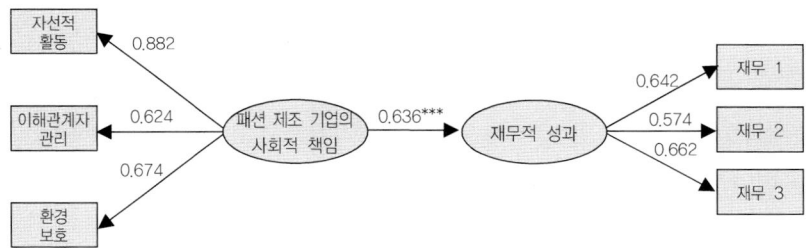

NFI=0.990 RFI=0.973 IFI=0.993 TLI=0.983 CFI=0.993 GFI=0.983 AGFI=0.977
*P⟨0.05** P⟨0.01*** P⟨0.001

<그림 12> 패션 제조 기업의 사회적 책임에 따른 재무적 성과 구조 방정식 분석 결과

3.3. 패션 유통 기업의 사회적 책임에 따른 재무적 성과 구조 방정식 분석 결과

본 연구에서 이론적, 실증적으로 도출된 패션 기업의 사회적 책임 차원들의 전체적인 영향을 알아보기 위하여, 기업 전문가의 관점에서 도출된 7개 요인들을 모두 투입하여 구조 방정식 분석을 하였다. 그 결과 패션 제조 기업의 구조 모형에서 패션 기업의 사회적 책임 구성 요인 중 경제활동, 법 준수 요인은 통계적으로 유의하지 않게 나타났다. 기업 전문가 관점에서 이들 요인들은 다른 요인들에 비해 CSR로서 재무적 성과에 미치는 영향이 유의하지 않게 인식됨을 알 수 있다. 다른 요인들은 통계적으로 유의하게 나타났다. 따라서 유의하지 않은 요인들을 제외하고 다시 구조 방정식 분석을 하였다. 패션 유통 기업의 사회적 책임 경영성과의 구조 방정식 분석 결과 모형이 적합하게 도출되었다(NFI = 0.993 RFI = 0.986 IFI = 1.000 TLI = 0.999 CFI = 1.000 GFI = 0.981 AGFI = 0.926). 구체적인 결과는 다음과 같다.

가설 5는 "패션 기업의 사회적 책임은 재무적 성과에 정적인 영향을 미칠 것이다."라고 설정하였다. 분석 결과 유의하게 나타나 가설 5는 채택되었다(Beta = .795, p<.001). 기업 전문가들은 패션 기업의 사회적 책임 경영을 수행함으로써 재무적 성과를 향상시킨다고 인식, 평가하는 것을 알 수 있다. 기업 전문가들의 재무적 성과에 대한 평가와, 연구 대상 패션 기업들의 실제 재무 성과 자료를 비교했을 때 실제 자료 수치가 증가한 경우 기업 전문가들도 증가한 것으로 평가하여, 타당성이 있다. 또한 이 결과는 기업의 사회적 책임이 재무적 성과를 향상시킨다는 선행 연구들(Mayer – Sommer & Roshwalb 1996, Schwepker & Ingram 1996, Waddock & Graves 1997)과 일치한다.

그러므로 패션 유통 기업은 유의한 사회적 책임 차원인 자선적 활동, 이해관계자 관계, 윤리적 경영, 환경보호, 창의적 제품 요인들에 관련된 활동들을 중점적으로 할 필요가 있으며, 이러한 영향력을 고려한 사회적 책임 경영을 수행함으로써 재무적 성과를 효율적이고 효과적으로 증대시킬 수 있을 것이다. 그리고 이러한 사회적 책임 경영을 통해 기업평가기관, 금융기관, 투자기관, 언론 등에 긍정적으로 평가됨으로써 기업에 대한 인식을 긍정적으로 형성할 수 있고, 사회책임투자를 증대시킬 수 있는 등의 효과를 얻을 수 있을 것이다.

〈표 36〉 패션 유통 기업의 사회적 책임에 따른 재무적 성과 구조 방정식 분석 결과

경 로			표준화 경로계수	표준오차	t	p
패션 유통 기업의 사회적 책임	→	재무적 성과	0.795	0.127	6.186	0.000
적합도	• X^2 = 20.124 df = 19 p = 0.387					
	• NFI = 0.993 RFI = 0.986 IFI = 1.000 TLI = 0.999 CFI = 1.000 GFI = 0.981 AGFI = 0.926					
	• RMSEA = 0.026 RMR = 0.098 AIC = 70.124 BCC = 75.749					

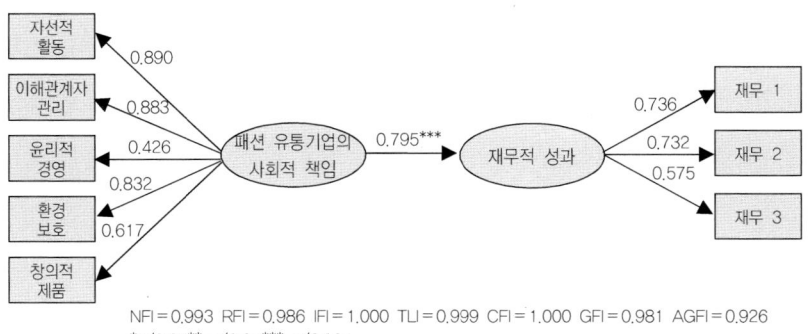

NFI = 0.993 RFI = 0.986 IFI = 1.000 TLI = 0.999 CFI = 1.000 GFI = 0.981 AGFI = 0.926
*P<0.05** P<0.01*** P<0.001

〈그림 13〉 패션 유통 기업의 사회적 책임에 따른 재무적 성과 구조 방정식 분석 결과

4. 패션 기업 유형별 패션 기업의 사회적 책임에 따른 재무적 성과 비교

연구 결과 패션 유통 기업의 경우 패션 제조 기업보다 사회적 책임이 재무적 성과에 미치는 영향이 더 크게 나타났다. 패션 기업 유형별 유의한 사회적 책임 요인들도 다르게 나타났다. 패션 제조 기업은 자선적 활동, 이해관계자 관계, 환경보호 요인이 유의하게 나타났으며, 패션 유통 기업은 자선적 활동, 이해관계자 관계, 윤리적 경영, 환경보호, 창의적 제품 요인들이 유의하게 나타났다. 그러므로 가설 6은 채택되었다.

패션 기업 유형에 따라 유의한 차원들과 관련된 활동들을 중점적으로 할 필요가 있으며, 이러한 영향력을 고려한 사회적 책임 경영을 수행함으로써 재무적 성과를 효율적이고 효과적으로 증대시킬 수 있을 것이다.

제6장

결론 및 제언

제1절 결론 및 시사점

　전 세계적으로 기업의 사회적 책임의 중요성은 증대되고 있고, 이에 대한 소비자들의 요구도 증가하고 있으며, 패션 기업의 사회적 책임의 필요성과 중요성이 점차 증대되고 있는 상황에서, 본 연구에서는 패션 기업의 사회적 책임 경영성과에 대하여 구체적으로 연구하였다. 본 연구에서는 선행 연구들을 고찰하여 패션 기업의 사회적 책임 개념을 정리하고 규명한 후, 패션 기업의 사회적 책임 차원을 구분하여, 패션 기업의 사회적 책임 경영성과들의 관계에 대해 연구하였다. 그리고 기업의 사회적 책임은 여러 이해관계자들이 연관되어 있으므로, 패션 기업의 사회적 책임을 연구함에 있어 다양한 이해관계자들의 관점에서 연구하였다.

　본 연구의 결과를 요약하고 시사점을 제안하면 다음과 같다.

　첫째, 패션 기업의 사회적 책임의 추상적 차원으로 경제적 책임, 법적 – 윤리적 책임, 자선적 책임으로 구분하고, 구체적 차원으로는 경제 활동, 법 준수, 윤리적 경영, 창의적 제품, 환경보호, 이해관계자들과의 관계, 사회적 기부, 지역사회 참여 및 사회 발전의 8개 차원으로 구분하였다. 실증적 연구에서 패션 기업의 사회적 책임의 탐색적 요인 분석 결과, 소비자 집단과 기업 전문가 집단이 인식하는 차원이 다르게 나타났다. 소비자 집단은 '자선적 활동', '법 준수', '창의적 제품', '경제 활동', '환경보호', '윤리적 경영' 요인의 6개 차원으로 구분되었고, 기업 전문가 집단이 인식하는 차원은 총 7개의 요인으로, '자선적 활동', '이해관계자 관계', '경제 활동', '윤리적 경영', '법 준수', '환경보호', '창의적 제품'으로 나타났다. 소비자와 기업 전문가 집단에서 6개 차원은 유사한 문항들로 구성되어 유사하게 나타났고, 기업 전문가 집단에서는 이해관계자 관계 요인이 더 나타났다. 이는 기업 전문가들이 패션 기업의 사회적 책임에 대해 더 구체적으로 인식하고 있다는 것을 의미한다. 탐색적 요인분석을 통해 도출된 차원들은 이론적으로 구분한 차원들과 거의 동일하게 구분되었다. 그러므로 이러한 구체적인 패션 기업의 사회적 책임 차원에 대한 연구와 이를 고려한 사회적 책임 경영을 수행하는 것이 중요하다.

둘째, 패션 기업의 사회적 책임에 따른 사회적 성과, 관계적 성과의 구조 방정식 분석 결과는 다음과 같다. 패션 기업의 사회적 책임은 기업 이미지에 정적인 영향을 미치는 것으로 나타났다. 패션 기업의 사회적 책임 경영은 고객 만족에 정적인 영향을 미치는 것으로 나타났다. 패션 기업 이미지는 고객 만족에 미치는 영향이 유의하게 나타나지 않았다. 패션 기업들은 기업의 사회적 책임을 통해 사회적 성과인 기업 이미지와 관계적 성과인 고객 만족을 직접적으로 증대시킬 수 있으므로, 사회적 책임 경영을 수행하는 것이 중요하며, 패션 기업의 사회적 책임을 통한 고객 만족은 기업 이미지라는 매개 변인을 통한 간접 효과는 유의하지 않았으며, 직접 효과가 크므로, 직접적인 성과를 증대시킬 수 있는 다양한 활동을 해야 할 것이다.

셋째, 패션 제조 기업의 사회적 책임에 따른 기업 이미지, 고객 만족 구조 방정식 분석 결과 모형이 적합하게 도출되었다. 패션 제조 기업의 사회적 책임은 기업 이미지에 정적인 영향을 미치는 것으로 나타났다. 패션 제조 기업의 사회적 책임은 고객 만족에 정적인 영향을 미치는 것으로 나타났다. 그러므로 가설 2는 채택되었다. 패션 기업 이미지가 고객 만족에 미치는 영향은 부적으로 유의하게 나타났다. 기업 이미지의 매개 효과로, 기업에 대한 전반적인 이미지는 패션 기업의 사회적 책임과 고객 만족 사이에서 그 영향을 감소시킬 수 있다는 것을 알 수 있다. 패션 기업의 사회적 책임 경영을 통한 고객 만족은 기업 이미지라는 매개 변인을 통한 간접 효과는 유의하지 않았으며, 직접 효과가 크므로, 직접적인 성과를 증대시킬 수 있는 다양한 활동을 해야 할 것이다.

넷째, 패션 유통 기업의 사회적 책임에 따른 기업 이미지, 고객 만족 구조 방정식 분석 결과 모형이 적합하게 도출되었다. 패션 유통 기업의 사회적 책임은 기업 이미지에 정적인 영향을 미치는 것으로 나타났으며, 패션 유통 기업의 사회적 책임은 고객 만족에 정적인 영향을 미치는 것으로 나타났다. 반면 패션 유통 기업 이미지가 고객 만족에 미치는 영향은 부적으로 유의하게 나타났다. 기업 이미지의 매개 효과로 기업에 대한 전반적인 이미지는 패션 기업의 사회적 책임 경영과 고객 만족 사이에서 그 영향을 감소시킬 수 있다는 것을 알 수 있다. 패션 기업의 사회적 책임을 통한 고객 만족은 기업 이미지라는 매개 변인을 통한 간접 효과는 유의하지 않았으며, 직접 효과가 크므로, 직접적인 성과를 증대시킬 수 있는 다양한 활동을 해야 할 것이다.

다섯째, 패션 기업 유형에 따라, 패션 제조 기업과 패션 유통 기업의 사회적 책임에 따른 기업 이미지, 고객 만족의 영향이 다르게 나타났다.

여섯째, 패션 제조 기업의 사회적 책임에 따른 재무적 성과의 구조 방정식 분석 결과 모형이 적합하게 도출되었다. 패션 기업의 사회적 책임은 재무적 성과에 정적인 영향을 미치는 것으로 나타났다. 패션 기업의 사회적 책임 구성 요인 중 자선적 활동, 환경보호, 이해관계자 요인들이 영향을 주는 것으로 나타났다. 그러므로 패션 제조 기업은 사회적 책임 각 차원들의 영향력을 고려하여 경영을 수행함으로써, 효율적이고 효과적으로 재무적 성과를 증대시킬 수 있을 것이다.

일곱째, 패션 제조 기업의 사회적 책임에 따른 재무적 성과의 구조 방정식 분석 결과 모형이 적합하게 도출되었다. 패션 제조 기업의 사회적 책임은 재무적 성과에 정적인 영향을 미치는 것으로 나타났다. 패션 기업의 사회적 책임 구성 요인 중 자선적 활동, 이해관계자 관계, 환경보호, 창의적 제품, 윤리적 경영 요인들이 영향을 주는 것으로 나타났다. 그러므로 패션 기업들은 이를 고려하여 사회적 책임 경영을 함으로써 재무적 성과를 증대시킬 수 있을 것이다.

여덟째, 패션 유통 기업의 사회적 책임 경영에 따른 재무적 성과의 구조 방정식 분석 결과 모형이 적합하게 도출되었다. 패션 유통 기업의 사회적 책임은 재무적 성과에 정적인 영향을 미치는 것으로 나타났다. 패션 기업의 사회적 책임 구성 요인 중 자선적 활동, 환경보호, 이해관계자 관계 요인들이 영향을 주는 것으로 나타났다. 그러므로 패션 유통 기업은 유의한 차원들의 영향력을 고려하여 사회적 책임 경영을 함으로써, 재무적 성과를 증대시키고, 장기적 성과를 증대시킬 수 있을 것이다.

아홉째, 패션 기업 유형에 따라, 패션 제조 기업과 패션 유통 기업의 사회적 책임에 따른 재무적 성과의 영향이 다르게 나타났다.

본 연구 결과, 소비자 관점과 기업 전문가 관점에서 패션 기업의 사회적 책임 경영에 대한 평가 차원이 다르게 나타났다. 이를 통해 소비자와 전문가가 패션 기업의 사회적 책임에 대해 각각 다른 차원을 통해 인식, 평가한다는 것을 알 수 있다. 패션 기업은 소비자뿐 아니라 기업평가기관, 금융기관, 투자기관, 언론 등 여러 이해관계자들과의 관계를 갖고 있으며, 이들의 영향이 커지고 있으므로, 이들 각각의 구체적인 차원을 알고 고려하여 사회적 책임 경영을 수행하여야 할 것이다.

본 연구에서는 패션 기업의 사회적 책임이 사회적 성과인 기업 이미지와 관계적 성과인 고객 만족에 직접적으로 정적인 유의한 영향을 미치는 것으로 나타났다. 그러므로 패션 기업은 본 연구에서 도출한 패션 기업의 사회적 책임 구체적 차원들인 경제 활동, 법 준수, 윤리적 경영, 창의적 제품, 환경보호, 이해관계자들과의 관계, 사회적 기부, 지역사회 참여 및 사회 발전에 대한 적극적인 실행과 노력을 해야 하며, 다양한 마케팅 수단들을 사용하여 그 효과를 증대시키고, 사회와 소비자들이 잘 인식하도록 노력해야 할 것이다. 구체적으로, 4P 전략으로서 제품 전략은, 창의적인 제품을 디자인 / 개발 / 생산 / 판매하고, 환경친화적 패션 제품을 생산 / 판매하며, 가격 전략은, 세계적으로 윤리적 소비주의가 확산되고 있으며, 기업의 사회적 책임 활동으로 10% 이상의 가격 인상분을 부담할 용의가 있다는 응답자의 비율이 24개국 평균 68%로 높게 나타났으므로(EAI, GlobScan, 매일경제 2007), 이러한 상황에서 기업의 사회적 책임 경영에 의해 발생하는 추가의 가격 상승분을 더하되,

소비자들이 합리적이라고 생각하는 정도의 가격을 책정하는 것이 효과적일 것이다. 유통 전략으로는, 패션 유통 기업들의 사회적 책임 경영을 통해 그 효과를 증대시킬 수 있을 것이며, 촉진 전략으로는, 패션 기업이 사회적 책임 경영을 하고 있는 것에 대한 광고, 홍보, 지속적인 이벤트 등을 통해 여러 이해관계자들에게 인식을 강화시킬 수 있을 것이다. 환경보호 활동 이벤트, 사회적 기부, 지역사회 참여 / 사회 발전 기여 활동들은 기업 차원에서 경영진과 직원들이 수행하기도 하고, 소비자들이 직접 참여하도록 하는 체험 마케팅 등을 통하여 수행하기도 하는 등 그 방법을 다양하게 하여 효과를 증대시킬 수 있을 것이다.

이러한 패션 기업의 사회적 책임 경영을 수행함에 있어, 본 연구에서 밝힌 각 차원들의 영향력을 고려하여, 중요한 차원의 순으로 중점을 두어 수행하면, 더욱 효과적이고 효율적으로 패션 기업의 성과를 증대시킬 수 있을 것이다. 또한 패션 기업 유형에 따른 차별적 사회적 책임 경영을 수행함으로써, 효율적이고 효과적으로 성과를 증대시킬 수 있을 것이다. 이를 통해 사회와 더불어 패션 기업의 지속 가능한 발전을 이룰 수 있을 것이다.

연구의 한계점 및 후속 연구를 위한 제언

 본 연구는 소비자들과 기업 전문가들을 대상으로 연구를 하여, 기업 경영성과 중 조직적 성과에 대한 연구는 하지 않았다. 그러므로 후속 연구에서는 조직적 성과에 대해 패션 기업의 종업원들을 대상으로 연구할 필요가 있다.

 경영성과 중 사회적 성과에서 기업 이미지 요인, 관계적 성과에서 고객 만족 요인을 사용하여 연구하여 의미 있는 결과를 도출하였다. 그러나 사회적 성과, 관계적 성과에 해당하는 차원을 각각 한 차원으로 선정하였다. 후속 연구에서는 사회적 성과, 관계적 성과의 다른 요인들을 사용하여 분석하는 것도 필요하다.

 본 연구에서 패션 기업의 사회적 책임 경영과 고객 만족 사이의 매개 변인으로서 기업 이미지를 설정하여 분석한 결과, 전체 패션 기업에서는 유의하지 않았고, 제조 기업과 유통 기업에서는 부적으로 유의하게 나타났다. 이는 기업에 대한 전반적인 이미지를 측정함으로써 사회적 책임에 의한 기업 이미지 외에 다른 여러 요인들이 기업 이미지 평가 시 개입되어 고객 만족과 정적으로 유의하게 나타나지 않은 것으로 볼 수 있다. 기업 이미지와 고객 만족의 관계는 해당 제품, 기업에 대한 응답자의 지식 정도에 따라 상이한 결과를 보일 수 있다(임준영, 임재영 2002). 즉 소비자가 지식이 부족한 경우는 기업 이미지를 기대와 만족의 영향 변수로 삼을 수 있지만 지식이 많은 경우에는 오히려 해당 상품을 사용한 후 기존 기업의 이미지를 수정하거나 강화시킬 수 있다는 것이다. 기업 이미지 구성 차원들은 다양하므로, 후속 연구에서는 이들 차원을 구분하여 연구를 할 필요가 있다.

본 연구에서는 패션 기업의 사회적 책임의 차원을 구분하고, 선행 연구의 문항들을 패션 기업에 적합하도록 수정, 보완하여 측정 도구를 구성하였다. 후속 연구에서는 패션 기업에 적합한 측정 문항들을 더 첨가하여 측정 도구를 개발해 볼 필요가 있다.

본 연구에서는 편의 표집에 의해 자료를 수집하였으며, 조사 지역을 서울로 한정하였다. 후속 연구에서는 다양한 지역에서 조사를 해 볼 필요가 있다. 그리고 기업별 비교, 분석을 다양하게 연구할 필요도 있다.

참고문헌

1. 국 내

김경훈(1993). 마케팅 연구에 있어서 신뢰도 측정방법의 문제점. *마케팅연구*, 8(2), 200 – 202.

김광섭, 이병룡(2006). 기업의 사회적 책임 기준과 기업 보고에 관한 고찰. *품질경영학회지*, 35(3), 47 – 56.

김민경(2005). *의복쇼핑성향에 따른 의복 종류별 점포 이미지 차원 평가*. 서울대학교 대학원 석사학위논문.

김이태(2008). 기업이미지가 고객가치와 고객충성도에 미치는 영향. *한국콘텐츠학회논문지*, 8(1), 75 – 85.

김이환, 이노종, 한은경(2005). 사회책임활동이 지수화에 관한 실증적 연구: 5개 업종, 10개 기업을 중심으로, *광고학연구*, 16(4), 55 – 78.

김지연(2005). *패션상품 소비자의 관계 혜택 지각이 장기적 관계지향성에 미치는 영향*. 서울대학교 대학원 박사학위논문.

김창호(2006). ISO26000 시행에 대한 기업의 사회적 책임경영 구축방안, *인적자원관리연구* 13(2), 33 – 67.

김해룡, 김나민, 유광희, 이문규(2005). 기업의 사회적 책임에 대한 척도개발, *마케팅연구*, 20(2), 67 – 87.

김현수(2006). 유럽기업의 윤리경영 추진동향과 시사점, 전국경제인연합회. *CEO Report*, CER – 2006 – 18.

노광표, 이명규(2007). 동향과 쟁점: 노동운동의 미래 의제, 기업의 사회적 책임(CSR). *노동사회*, 119, 4 – 21.

노광표(2007). *기업의 사회적 책임*, 노동문제연구소.

박상금(2006). *기업의 사회공헌활동이 기업이미지, 구매의도 및 고객관계*

　　　　유지의도에 미치는 영향. 숙명여자대학교 대학원 석사학위논문.

박헌준, 이종건, 김범성(2001). 왜 기업은 윤리적이어야 하는가? 기업윤리와 기업성과. *기업윤리연구* 3, 115－139.

삼성경제연구소(2007). *지속성장기업의 조건 CSR*. CEO Information, 620호.

삼성지구환경연구소(2007). *고객보다 더 큰 고객, 이해관계자.*

신초영(2004). *패션 업체의 기업 윤리와 소비자 윤리에 관한 연구.* 성신여자대학교 대학원 박사학위논문.

신호창(1996). 마케팅 PR프로그램 기획을 위한 전략적 연구: 기업이미지 마케팅 사례를 중심으로. *광고연구,* 봄호, 34.

양원승(2006). *기업의 사회적 책임 활동과 서비스 품질이 소비자 만족에 미치는 영향.* 연세대학교 대학원 석사학위논문.

유성은(2007). *기업윤리와 경영 성과.* 한남대학교 대학원 박사학위논문.

유현미, 박종철, 김재욱(2008). 유통업체와 제조업체에 대한 신뢰가 유통업체 브랜드의 구매의도에 미치는 영향에 관한 연구. *유통연구,* 13(2), 97－124.

이교수(2007). *고객보다 더 큰 고객, 이해관계자.* 삼성지구환경연구소.

이동대, 배상욱(2000). 소비자의 소매점포 선택 속성에 관한 연구: 할인점과 백화점의 비교. *마케팅관리연구,* 5(2), 25－50.

이동원(2007). 기업의 사회성과 윤리경영: 국가별·업종별 구현형태를 중심으로. *경영법률,* 18(1), 47－81.

이상민, 최인철(2002). *재인식되는 기업의 사회적 책임.* 삼성경제연구소.

이승희, 김미영(2006). 패션기업의 사회적 책임이 브랜드 애착 및 브랜드 자산에 미치는 영향. *복식문화연구,* 14(4), 684－697.

이진화, 허아현(2008). 패션 유통업태간 소비자가 요구하는 판매원의 서비스 차원 비교(Ⅰ): 백화점, 할인점, 아울렛 몰을 중심으로, *한국의류산업학회지,* 10(3), 289－297.

임준영, 임재영(2002). 고객만족과 고객충성도의 결정요인에 관한 연구: 고객지식수준과 산업형태를 조절변수로 한 비교연구. *한국마케팅저널,* 4(2), 1－25.

전국경제인연합회(2006). 우리 기업의 윤리경영 추진현황과 과제. *CEO Report.*

전국경제인연합회(2006). 유럽기업의 윤리경영 추진동향과 시사점. *CEO Report.*

정기한, 허미옥, 신재익(2007). *기업의 사회적 책임, 이미지, 신뢰, 몰입, 고객충성도 간의 관계에 관한 연구.* 한국경영학회. 통합학술대회, 2007(2), 1 - 14.

정수진(2006). *사회 공헌 활동 유형이 조직 이미지에 미치는 영향.* 중앙대학교 대학원 석사학위논문.

정쾌영(2001). 기업의 사회적 책임에 관한 고찰. *경영정보연구,* 7, 293 - 315.

조용석(2000). *기업이미지와 상품판매의 관계에 관한 연구: 손해보험 4 개사의 기업이미지를 중심으로.* 연세대학교 언론홍보 대학원 광고홍보전공 석사학위논문.

조의식(2007). *효과적인 사회적 책임 활동 믹스 개발 전략.* 연세대학교 대학원 석사학위논문.

주정(2007). '한국형 사회보고서' 모델에 관한 연구. *사회연구,* 13, 101 - 137.

최종태(1989). *현대조직론,* 서울: 경세원.

하봉준(1999). 제품 구매의도에 영향을 미치는 기업이미지 요인에 관한 연구. *광고연구,* 42(봄), 49 - 74.

한은경, 류은아(2003). 기업의 사회적 책임활동이 구매의도에 미치는 영향에 관한 연구. *광고연구,* 60(가을), 155 - 177.

홍희숙(1999). 할인점과 백화점에서의 상품 구매빈도에 따른 시장세분화 및 세분시장의 상점태도 및 의류상품 구매 특성. *대한가정학회지* 37(4), 41 - 58.

2. 국 외

Andersen, K. I.(2003). *The Project*.

Arnott, Nancy.(1994). Marketing with a Passion. *Sales & Marketing Management*. 146(1), 64 – 68.

Assael.(1998). *Henry Assael Consumer behavior and marketing action(6th ed.)*, Cincinnati, OH: South Western College Publishing.

Aupperle, K. E, Carroll, A. B. & Hatfield, J. D.(1985). An Empirical Examination of the Relationship Between Corporate Social Responsibility and Profitability, *Academy of Management Journal*. 28(2), 446 – 463.

Balabanis, G., Phillips, H. C. & Lyall, J.(1998). Corporate Social Responsibility and Economic. Performance in the Top British Companies: Are They Linked? *European Business Review*, 98(1), 25 - 44.

Barich, H. & Kotler, P.(1991), A framework for marketing image management, *Sloan Management Review*, 32(Winter), 94 – 104.

Beckwith, N. E. & Lehmann, D. R.(1975). The Importance of Halo Effect in Multi – Attribute Attitude Models, *Journal of Marketing Research*, 12(3), 265 – 275.

Bendell, J. & Kleanthous, A.(2007). *Deeper Luxury*. Retrieved December 27, 2007, www.wwf.org.uk/deeperluxury.

Bhattacharya, C. B. & Sen, S.(2003). Consumer – Company Identification: A Framework for Understanding Consumers' Relationships with Companies, *Journal of Marketing,* 67(2), 76 – 88.

Bowen, H. R.(1953). *Social Responsibilities of the Businessman,* NY: Harper & Row.

Brown, T. J. & Dacin, P. A.(1997). The Company and the Product: Corporate Associations and Consumer Product Responses, *Journal of Marketing*, 61(1), 68 – 84.

Buono, A., & Nichols, L.(1990). *Stockholder and stakeholder interpretations of business' social role*. In W. M. Hoffman & J. Moore(Eds.), Business ethics: Readings and cases in corporate morality. New York: McGraw – Hill.

Business for Social Responsibility(2000). *Introduction to Corporate Social Responsibility*, http://www.khbo.be/lodew/Cursussen/4eingenieurCL/The%20Global%20Business%20Responsibility%20Resource%20Center.doc.

Business for Social Responsibility(2003a). *Issues in Corporate Social Responsibility*. http://www.bsr.org/AdvisoryServices/Issues.cfm.

Business for Social Responsibility(2003b). *Overview of Corporate Social Responsibility*. http://www.bsr.org/BSRResources/IssueBriefDetail.cfm? DocumentID = 48809.

Carroll, A. B.(1979). A three – dimensional conceptual model of corporate performance, *Academy of Management Review*, 4(4), 497 – 505.

Carroll, A. B.(1991). The Pyramid of Corporate Social Responsibility: Toward the Moral Management of Organizational Stakeholders, *Business Horizons*, 34(4), 39 – 49.

Castka, P., Bamber, C. J. & Sharp, J. M.(2004). *Implementing Effective Corporate Social Responsibility & Corporate Governance – A Framework*, London: British Standards Institution.

Chakravarthy, B. S.(1986). Measuring Strategic Performance. *Strategic Management Journal*, 7(5), 437 – 445.

Cochran, P. L. & Wood, R. A.(1984). Corporate Social Responsibility and Financial Performance. *Academy of Management Journal*. 27(1), 42 – 56.

Coddington, W.(1993). *Environmental marketing: Positive strategies for reaching the green consumer*, NY: McGraw – Hill.

Commission of the European Communities(2001). Promoting a European Framework for Corporate Social Responsibilities, COM(2001) 366 final, Brussels.

Commission of the European Communities(2002). Corporate Social Responsibility – Main Issues, MEMO/02/153, Brussels.

Commission of the European Communities(2003). *What is Corporate Social Responsibility(CSR)?* http://europa.eu.int/comm/employment_social/soc

– dial/csr/csr_whatiscsr.htm.

Creyer, E. H. & Ross, W. T. Jr.(1997). The Influence of Firm Behavior on Purchase Intention: Do Consumers Really Care About Business Ethics, *Journal of Consumer Marketing*, 14(6), 421 – 432.

CSRwire(2003), *About CSRwire*, http://www.csrwire.com/page.cgi/about.html.

Dahlsrud, A.(2008). How Corporate Social Responsibility is Defined: an Analysis of 37 Definitions, *Corporate Social Responsibility and Environmental Management*, 15(1), 1 – 13.

David, P. Kline, S. & Dai Y.(2005). Corporate Social Responsibility Practices, Corporate Identity, and Purchase Intention: A Dual – Process Model, *Journal of Public Relations Research*, 17(3), 291 – 313.

Dickson, M. A.(2001). Utility of No Sweat Labels for Apparel Consumers: Profiling Label Users and Predicting Their Purchases, *Journal of Consumer Affairs*, 35(1), 96 – 119.

Dijken, F.(2007). Corporate Social Responsibility: Market Regulation and the Evidence, *Managerial Law*, 49(4), 141 – 184.

Donaldson, T. & Preston, L.(1995). The Stakeholder Theory of the Modern Corporation: Concepts, Evidence and Implications, *Academy of Management Review* 20, 65 – 91.

Eells, R. & Walton, C.(1961). *Conceptual Foundations of Business*, Homewood, IL: Richard Eells and Clarence Walton Publisher.

Ethical Performance(2003). *Introduction: Defining Corporate Social Responsibility*. http://www.ethicalperformance.com/bestpractice/archive /1001/ introduction.html.

Ethics in Action Awards(2003). *What is Corporate Social Responsibility?* http://www.ethicsinaction.com/whatiscsr/qanda.html.

Foran, T.(2001). *Corporate Social Responsibility at Nine Multinational Electronics Firms in Thailand: a Preliminary Analysis*, report to the California Global Corporate Accountability Project. Nautilus Institute for Security and Sustainable Development: Berkeley, CA.

Frederick, W., Post J. & Davis, K. E.(1992). *Business and Society. Corporate Strategy, Public Policy, Ethics*, 7th ed, McGraw – Hill: London.

Freeman, H. L.(1991). Corporate Strategic Philanthropy, *Business Leaders of Europe*, Barcelona, Spain, September 16, 246 – 249.

Freeman, H. L.(1992). Corporate Strategic Philanthropy. Vital Speeches of the Day, Febrary 1, 246 – 247.

Freeman, R. E.(1984). *Strategic Management: A Stakeholder Approach*, Boston: Pitman Books.

Ganesan, S.(1994). Determinants of Long – Term Orientation in Buyer – Seller Relationships. *Journal of Marketing,* 58(1), 1 – 19.

Global Corporate Social Responsibility Policies Project(2003). *A Role for the Government - Issues at Hand*, Kenan – Flagler Business School of the University of North Carolina, Chapel Hill, http://www.csrpolicies.org/CSRRoleGov/CSR_Issue/csr_issue.html.

Herpen, E., Pennings, J. y. & Meulenberg, M.(2003), *Consumers' Evaluations of. Socially Responsible Activities in Retailing, Mansholt Working Paper. Lafferty B.*(1996).

Hess, D.(2001). Regulating Corporate Social Performance: A New Look at Corporate Social Accounting, Auditing, and Reporting, *Business Ethics Quarterly*, 11(2), 307 – 330.

Hoeffler, S. & Keller, K.(2002). Building Brand Equity Through Corporate Societal Marketing, *Journal of Public Policy & Marketing,* 21(1), 78 – 89.

Hopkins, M.(1998). *The Planetary Bargain: Corporate Social Responsibility Comes of Age*, Macmillan: London.

Hopkins, M.(2003). *The Planetary Bargain CSR Matters*. Earthscan: London.

IndianNGOs.com(2003). *Corporate Social Responsibility*,

International Business Leaders Forum(IBLF)(2003). *IBLF Members*,

International Organization for Standardization(ISO) COPOLCO(2002). *The Desirability and Feasibility of ISO Corporate Social Responsibility Standards*, ISO: Geneva.

Jackson, P. & Hawker, B.(2001). *Is Corporate Social Responsibility Here to Stay?* http://www.cdforum.com/research/icsrhts.doc.

Jayachandran, S., Sharma, S, Kaufman, P. & Raman, P.(2005). The Role of Relational Information Processes and Technology Use in Customer

Relationship Management, *Journal of Marketing*, 69(4), 177 – 192.

Jones, T. M.(1980). Corporate Social Responsibility Revisited, Redefined, *California Management Review*, 22(2), 59 – 67.

Joyner, B. E. & Payne, D.(2002). Building Values, Business Ethics and Corporate Social Responsibility Into The Developing Organization, *Journal of Developmental Entrepreneurship*, 7(1), 113 – 131.

Joyner, B. E. & Payne, D.(2002). Evolution and Implementation: A Study of Values, Business Ethics and Corporate Social Responsibility. *Journal of Business Ethics*, 41(4), 297 – 311.

Kalwani, M. U. & Narayandas, N.(1995). Long – Term Manufacturer – Supplier Relationships: Do They Pay Off for Supplier. Firms? *Journal of Marketing*, 59(1), 1 – 16.

Kaplan, R. S. & Norton, D. P.(1996). Knowing the Score, *Financial Executive,* 12(6), 30 – 33.

Kaplan, R. S. & Norton, D. P.(1996). Linking the Balanced Scorecard to Strategy, *California Management Review,* 39, 53 – 79.

Kaplan, R. S. & Norton, D. P.(1996). Strategic Learning & the Balanced Scorecard, *Strategy & Leadership,* 24(5), 18 – 24.

Kaplan, R. S. & Norton, D. P.(1996). *The Balanced Scorecard: Translating Strategy into Action,* Boston: Harvard Business School Press.

Kaplan, R. S. & Norton, D. P.(1996). Using the Balanced Scorecard as a Strategic Management System, *Harvard Business Review,* 74(1), 75 – 85.

Kaplan, R. S. & Norton, D. P.(2001). Transforming the Balanced Scorecard from Performance Measurement to Strategic Management: Part Ⅱ, *American Accounting Association Accounting Horizons* 15(2), 147 – 160.

Keller, K. L. & Aaker, D. A.(1997). Managing the Corporate Brand: The Effect of Corporate Marketing Activity on Consumer Evaluations of Brand Extensions, Working Paper Report No.97 – 106, May. Cambridge, MA: Marketing Science Institute.

Khoury G, Rostami, J. & Turnbull, J. P.(1999). *Corporate Social Responsibility: Turning Words into Action*, Conference Board of Canada: Ottawa.

Kilcullen, M. & Kooistra, J. O.(1999). At least do no harm: sources on the changing role of business ethics and corporate social responsibility. *Reference Services Review,* 27(2), 158 – 178.

Lea, R.(2002). *Corporate Social Responsibility*, Institute of Directors(IoD) member opinion survey. IoD: London. http://www.epolitix.com/ data/companies/images/ Companies/Institute – of – Directors/CSR_ Report.pdf.

Luo, X. & Bhattacharya, C. B.(2006). Corporate Social Responsibility, Customer Satisfaction, and Market Value. *Journal of Marketing,* 70(4), 1 – 18.

Marsden, C.(2001). *The Role of Public Authorities in Corporate Social Responsibility.*

Mayer – Sommer A P, Roshwalb, A.(1996). An Examination of the Relationship between Ethical Behaviour, Espoused Ethical Values and Financial Performance in the US Defense industry: 1988 – 1992, Journal of Business Ethics, 15(12), 1249 – 1274.

McGuire, J. W.(1963). *Business and Society.* NY: McGraw – Hill.

McGuire, J. B., Sundgren, A & Schneeweis, T.(1988). Corporate Social Responsibility and Firm Financial Performance, *Academy of Management Journal,* 31(4), 854 – 872.

McWilliams, A. & Siegel, D.(2001). Corporate social responsibility: a theory of the firm perspective. *The Academy of Management Review,* 26(1), 117 – 127.

Mithas, S., Krishnan, M. S. & Fornell, C.(2005). Why Do Customer Relationship Management Applications Affect Customer Satisfaction?, *Journal of Marketing,* 69(4), 201 – 209.

Morgan, R. M. & Hunt, S. D.(1994). The Commitment – trust Theory of Relationship Marketing, *Journal of Marketing,* 58(3), 20 – 38.

Murray, K. B. & Vogel, C. M.(1997). Using a Hierarchy – of – Effects Approach to Gauge the Effectiveness of Corporate Social Responsibility to Generate Goodwill Toward Firm: Financial versus Nonfinancial Impacts, *Journal of Business Research,* 38(2), 141 – 159.

Oliver, R. L.(1999). "Whence Consumer Loyalty?" *Journal of Marketing,* 63(4), 33 – 44.

Ottman, J. A.(1994). *Green Marketing*. Lincolnwood, IL: NTC Publishing Group.

Pava Moses L., Krausz Joshua.(1997). Criteria for Evaluating the Legitimacy of Corporate Social Responsibility. Journal of Business Ethics 16, 337 − 347.

Peglau R.(2003) The number of ISO 14001/Emas registration of the world, Federal environmental agency Germany, 1999.

Piacentini, M. G., MacFadyen, L. & Eadie, D. R.(2000). Corporate Social Responsibility in Food Retailing, *International Journal of Retail and Distribution Management*, 28(10), 459 - 469.

Pinney, C.(2001). *Imagine Speaks Out. How to Manage Corporate Social Responsibility and Reputation in a Global Marketplace: the Challenge for Canadian Business*. http://www.imagine.ca/content/media/team_canada_ china_paper.asp?section = media.

Podnar, K. & Golob, U.(2007). CSR Expectations: the Focus of Corporate Marketing. *Corporate Communications: An International Journal*, 12(4), 326 − 340.

Reder, A.(1994). *In Pursuit of Principle and Profit: Business Success through Social Responsibility*. Putnam: New York.

Richard Welford, Clifford Chan, Michelle Man(2008). Priorities for corporate social responsibility: a survey of businesses and their stakeholders, Corporate social − responsibility and environmental management, 15(1), 52 − 62.

Sahlin − Andersson, K.(2006). Corporate Social Responsibility: a trend and a movement, but of what and for what? *Corporate Governance*, 6, 595 − 608.

Salmones, G., Crespo, A. H. & Bosque, I. R.(2005). Influence of Corporate Social Responsibility on Loyalty and Valuation of Services, *Journal of Business Ethics,* 61(4), 369 − 385.

Salmones, Ma del Mar Carcia de los, Crespo, A. H. and Bosque, I. R. del(2005). Influence of Corporate Social Responsibility on Loyalty and Valuation of Services, *Journal of Business Ethics*, 61, 369 − 385.

Schwepker, C. H., & T. N. Ingram.(1996). Improving Sales Performance through Ethics: The Relationship between Salesperson Moral Judgment and Job Performance, *Journal of Business Ethics*, 15(11), 1151 – 1160.

Sen, S. & Bhattacharya, C. B.(2001). Does Doing Good Always Lead to Doing Better? Consumer Reactions to Corporate Social Responsibility, *Journal of Marketing Research*, 38(2), 225 – 243.

Sethi, S. P.(1975). Dimensions of Corporate Social Performance: An Analytical Framework, *California Management Review,* 17(3), 58 – 64.

Sethi, S. P.(1979). A Conceptual Framework for Environmental Analysis of Social Issues and Evaluation of Business Response Patterns, *Academy of Management Review*, 4(1), 63 – 74.

Shen, D. & Dickson, M. A.(2001). Consumers' Acceptance of Unethical Clothing Consumption Activities: Influence of Cultural Identification, Ethnicity, and Machiavellianism. *Clothing and Textiles Research Journal* , 19(2), 76 – 87.

Smith, K. & Paul, K. J.(2002). Business Ethics and E – commerce in Contemporary Society, *Research in Ethical Issues in Organization*, 4, 13 – 30.

Stanwick, P. A. & Stanwick, S. D.(1998). The Relationship between Corporate Social Performance, and Organizational Size, Financial Performance, and Environmental Performance: An Empirical Examination, *Journal of Business Ethics,* 17(2), 195 – 204.

Strategis(2003). *What is CSR?* http://strategis.ic.gc.ca/epic/internet/incsr – rse.nsf/vwGeneratedInterE/h_rs00094e.html.

Stump. S.(1999) Attracting Social Investors. Appeasing Shareholders. *Investor Relations Business*, 4(Jan).

Szymanski, D. M. & Henard, D. H.(2001). Customer Satisfaction: A Meta – . Analysis of the Empirical Evidence, *Journal of the Academy of Marketing Science*, 29(1), 16 – 35.

Till, B. D. & Nowak, L. I.(2000). Toward Effective Use of Cause – related Marketing Alliances, *Journal of Product & Brand*

Management, 9(7), 472 – 484.

Tse, D. K. & Wilton, P. C.(1998). Models of Consumer Satisfaction: An Extension, *Journal of Marketing Research*, 25(2), 204 – 212.

UK Government(2001). *UK Government Response to European Commission Green Paper on Corporate Social Responsibility.*

Van, Marrewijk M.(2001). *The Concept and Definition of Corporate Social Responsibility*, Triple P Performance Center: Amsterdam.

Van, Marrewijk M.(2003). Concepts and definitions of CSR and corporate sustainability: between agency and communion. *Journal of Business Ethics,* 44, 95 - 105.

Waddock, S. A. & Graves, S. B.(1997). Graves, The Corporate Social Performance – Financial Performance Link, *Strategic Management Journal,* 18(4), 303 - 319.

Waddock, S. A. & Graves, S. B.(1997). The Corporate Social Performance – Financial Performance Link, *Strategic Management Journal*, 18(4), 303 – 319.

Welford, R.(2002). Globalization, Corporate Social Responsibility and Human Rights, *Corporate Social Responsibility and Environmental Management* 9(1), 1 – 7.

Wick & Ingeborg.(2000). The Exception and the Rule – The Relationship between Formal and Informal Employment, in: Shadow Economy and Trade Unions. *DGB Bildungswerk Materialien Nr.* 71. Dusseldorf.

Winters, L. C.(1986) The Effect of Brand Advertising on Company Image: Implications for Corporate Advertising, *Journal of Advertising Research*, 26(2), 54 – 59.

Woodward – Clyde(1999). *Key Opportunities and Risks to New Zealand's Export Trade from Green Market Signals*, final paper, Sustainable Management Fund Project 6117, New Zealand Trade and Development Board: Auckland.

World Business Council for Sustainable Development(1999). *Corporate Social Responsibility: Meeting Changing Expectations*. World Business Council for Sustainable Development: Geneva.

World Business Council for Sustainable Development(2000). *Corporate Social Responsibility: Making Good Business Sense*, World Business Council for Sustainable Development: Geneva.

Zahra, S. A. & Tour M. S.(1987). Corporate Social Responsibility and Organizational Effectiveness: A Multivariate Approach, *Journal of Business Ethics,* 6(6), 459 – 467.

3. 기 타

글로벌, 창조 경영, 존경받는 시업의 '핵심'(2007. 06. 19). *한경비지니스*

기업 사회적 책임 잘해야 산다(2007. 12. 6). *뉴스메이커*.

기업의 사회적 책임 국제표준 반영이 우선(2007. 7. 5). *한겨레신문*.

기업의 사회적 책임 새 가치창출 기회로(2007. 9. 22). *조선일보*

기업의 사회적 책임_임효성(2008. 01. 24). *충북인뉴스*

기업전략, 사회적 책임과 연계 절실(2007. 10. 10). *경향신문*

美 '패션 베끼기 근절' 법안 논란 가열(2007. 08. 25). *동아일보*

사회공헌 잘하는 기업 제품 왠지 좋을 것 같다(2007. 10. 25). *뉴시스*
　　　 자료 검색일: 2007. 10. 27, 자료출처: http://www.newsis.com/

사회공헌 활발한 기업이 매출도 좋다(2007. 11. 19). *국제섬유신문*.

사회적 책임 국제표준 밀려온다(2007. 02. 23). *한겨레신문*.

사회적 책임 국제표준(ISO26000) 밀려온다(2007. 02. 23). *한겨레*.

사회적 책임(SR) 국제표준 2010년 제정 전망(2007. 11. 22). *연합뉴스*

사회적 책임에 관한 국제표준 지침 - 대책 마련 필요(2008. 01. 31). *뉴*
　　시스 자료 검색일: 2008. 01. 31, 자료출처: http://www.newsis.com/

요즘 소비자들 '착한 상품' 산다(2007. 11. 24). *동아일보*

재계 사회적 책임활동 대폭 강화(2008. 03. 13). *서울경제*.

지속 가능한 사회공헌활동(2007. 07. 23). *매일경제*.

착한 기업에 지갑 연다(2007. 07. 02). *한국일보*

책임경영으로 시장가치 높여라(2008. 03. 19). *이데일리. 자료 검색일:*
　　2008. 03. 20, 자료출처: http://www.edaily.co.kr/

투명 경영 재계 의무사항 선포(2008. 03. 13). *문화일보 자료 검색일:*
　　2008. 03. 14, 자료출처: http://www.munhwa.com/

해외 선진 기업의 CSR 추진 동향 및 대응 전략(2006. 11. 28). *뉴스리서치*.

ISO의 SR(Social Responsibility, 사회적 책임) 국제표준화 동향

www.timberland.com　　　　　www.nike.com

www.cii.samsung.co.kr　　　　www.kolon.co.kr

www.shinsegae.com　　　　　　www.iso.org

김민경 金珉京 ────────────────────

▌약 력

　서울대학교 의류학과 졸업
　서울대학교 대학원 의류학과 석사 졸업(패션마케팅 전공)
　연세대학교 대학원 의류환경학과 박사 졸업(패션마케팅 전공)

▌주요 연구

　의복 쇼핑 성향에 따른 의복 종류별 점포 이미지 차원 평가
　A Study on the Attitude about Fashion Corporate Social Responsibility According to consumer's
　clothing consumption value

패션 기업의
사회적 책임과
경영 성과

초판인쇄 | 2009년 8월 31일
초판발행 | 2009년 8월 31일

지은이 | 김민경
펴낸이 | 채종준
펴낸곳 | 한국학술정보㈜
주 소 | 경기도 파주시 교하읍 문발리 파주출판문화정보산업단지 513-5
전 화 | 031) 908-3181(대표)
팩 스 | 031) 908-3189
홈페이지 | http://www.kstudy.com
E-mail | 출판사업부 publish@kstudy.com

등 록 | 제일산-115호(2000. 6. 19)
가 격 | 10,000원

ISBN 978-89-268-0301-1 93320 (Paper Book)
　　　 978-89-268-0302-8 98320 (e-Book)